CÉREBRO e
EDUCAÇÃO INFANTIL

Autoras

Nicola Call começou sua carreira como professora em Londres, tornando-se rapidamente vice-diretora em três escolas. Atualmente, divide seu tempo entre escrever e fazer pesquisas sobre Aprendizagem Acelerada em escolas.

Sally Featherstone é professora, autora e consultora em educação infantil e primeiros estágios da educação no Reino Unido e internacionalmente.

C156c   Call, Nicola.
            Cérebro e educação infantil : como aplicar os conhecimentos da ciência cognitiva no ensino de crianças de até 5 anos / Nicola Call, Sally Featherstone ; tradução: Ronaldo Cataldo Costa ; revisão técnica: Josiane da Silva Delvan, Marina Menezes. – 2. ed. – Porto Alegre : Penso, 2013.
            190 p. : il. ; 28 cm.

            ISBN 978-85-65848-17-6

            1. Educação infantil – Neurociência. I. Featherstone, Sally. II. Título

                                            CDU 373.2:616.8

Catalogação na publicação: Ana Paula M. Magnus – CRB 10/2052

Nicola Call

Sally Featherstone

CÉREBRO e EDUCAÇÃO INFANTIL

Como APLICAR os conhecimentos da CIÊNCIA COGNITIVA no ensino de crianças de até 5 anos

2ª EDIÇÃO

Tradução:
Ronaldo Cataldo Costa

Consultoria, supervisão e revisão técnica desta obra:
Josiane da Silva Delvan
Doutora em Psicologia pela Universidade de São Paulo (USP)
Professora de Psicologia do Desenvolvimento e da Aprendizagem do
Departamento de Psicologia da Universidade do Vale do Itajaí (UNIVALI)

Marina Menezes
Doutora em Psicologia pela Universidade Federal de Santa Catarina (UFSC)
Professora de Psicopatologia e Psicologia Clínica do
Departamento de Psicologia da UNIVALI

penso

2013

Obra originalmente publicada sob o título *The Thinking Child Resource Book: Brain-Based Learning for the Early Years Foundation Stage*, 2nd Edition
ISBN 9781855397415

Copyright © Nicola Call with Sally Featherstone 2010.

This translation is published by arrangement with The Continuum International Publishing Group. All rights reserved.

Gerente editorial: *Letícia Bispo de Lima*

Colaboraram nesta edição

Editora: *Lívia Allgayer Freitag*

Capa: *Márcio Monticelli*

Ilustração de capa: *dreamstime.com/sergiyn*

Preparação de originais: *Marcelo Viana Soares*

Leitura final: *Marcelo de Abreu Almeida*

Editoração eletrônica: *Techbooks*

Reservados todos os direitos de publicação, em língua portuguesa, à
PENSO EDITORA LTDA., uma empresa do GRUPO A EDUCAÇÃO S.A.
Av. Jerônimo de Ornelas, 670 – Santana
90040-340 – Porto Alegre – RS
Fone: (51) 3027-7000   Fax: (51) 3027-7070

É proibida a duplicação ou reprodução deste volume, no todo ou em parte, sob quaisquer formas ou por quaisquer meios (eletrônico, mecânico, gravação, fotocópia, distribuição na Web e outros), sem permissão expressa da Editora.

Unidade São Paulo
Av. Embaixador Macedo Soares, 10.735 – Pavilhão 5 – Cond. Espace Center
Vila Anastácio – 05095-035 – São Paulo – SP
Fone: (11) 3665-1100   Fax: (11) 3667-1333

SAC 0800 703-3444 – www.grupoa.com.br

IMPRESSO NO BRASIL
PRINTED IN BRAZIL
Impresso sob demanda na Meta Brasil a pedido de Grupo A Educação.

Se você está planejando para um ano, plante arroz;
se está planejando para uma década, plante árvores;
se está planejando para a vida, eduque pessoas.

Provérbio chinês

Agradecimentos

Agradeço aos muitos profissionais que compartilharam generosamente as suas ideias e criatividade comigo. Trabalhar com Sally Featherstone foi um prazer e uma grande experiência de aprendizagem para mim. Devo agradecer a Sharon James, Heather Anderson, Jill Koops, Kate Barnes e Siobhan Burrows por suas contribuições e inspiração. As crianças da Seer Green Church of England Combined School e da Barunstone Frith School nos receberam em suas salas de aula para fazermos nossas pesquisas para o livro. Os professores, pais e alunos da Parents Nursery School, em Palo Alto, Califórnia, proporcionaram grande parte da inspiração para o novo material contido nesta segunda edição.

Acima de tudo, agradeço ao meu marido, Josef, pelo estímulo e apoio prático que me faz continuar a escrever ao mesmo tempo em que sou mãe. Obrigada às minhas filhas, Alysia e Rebecca, que fizeram intermináveis sugestões de atividades (geralmente de se sujar) para compartilhar no livro, e ao meu ativo e determinado pequeno pré-escolar, Alexander, por estar disposto a experimentar novas atividades com tanto entusiasmo (especialmente as "sujas"). Meus filhos são a minha inspiração e meus maiores professores. Agradeço a eles por dividirem comigo as alegrias dos anos iniciais.

Prefácio

Neste livro, os principais aspectos da aprendizagem baseada no cérebro são contextualizados por meio de um estudo de caso, no qual descrevemos crianças reais em situações reais, ou uma história de uma das "Nossas quatro crianças". Esses quatro alunos da pré-escola são George, Carrie, Kishan e Samantha. São personagens fictícios de escolas que usam técnicas de aprendizagem baseada no cérebro, e as descrições de suas atividades representam algumas das melhores práticas para os anos iniciais.

Alguns dos recursos contidos neste livro podem ser obtidos no *site* www.grupoa.com.br para uso com as crianças, para capacitação dos professores ou para referência pessoal. Muitas sugestões são dadas na forma de listas, que podem ser facilmente impressas, como maneiras de ajudar as crianças a desenvolverem a autoestima, maneiras de dar *feedback* positivo ou maneiras de envolver os pais com a escola. Essas sugestões podem ser usadas conforme a descrição ou podem ser modificadas para adequarem-se à sua situação específica. Outras seções apresentam atividades práticas para usar com as crianças, como atividades para a hora da roda e jogos para promover uma atitude "positiva", que talvez você prefira fazer sozinho ou com seus colegas. Elas podem ser adaptadas para cada situação específica. O material impresso no texto em uma pequena prancheta pode ser encontrado ao final do livro em tamanho normal e no *site* www.grupoa.com.br.

Trabalhar para entender como o cérebro das crianças desenvolve-se e aplicar esse conhecimento à prática dos anos iniciais não é pouca coisa. O desafio pode ser maior, mas as recompensas de trabalhar desse modo são imensuráveis. Esperamos sinceramente que este livro ajude você a fazer essa jornada de aprendizagem.

Legenda

descreve aspectos da aprendizagem baseada no cérebro em situações reais.

descreve aspectos da aprendizagem baseada no cérebro em uma situação fictícia, com uma das "Nossas quatro crianças".

representa uma pequena cópia do material, que pode ser encontrado em tamanho ampliado nos Apêndices, a partir da página 173, e no *site* www.grupoa.com.br.

adverte que as atividades tiradas do contexto podem ser inadequadas para usar com certas crianças ou situações.

Sumário

Prefácio	ix
Introdução: Entendendo o cérebro da criança	**13**
Passo 1: Vamos conhecer um cérebro	13
Passo 2: Conhecendo as crianças em seus ambientes	14
Parte Um: Preparando o clima e o contexto para a aprendizagem	**17**
Passo 1: Abordando as necessidades físicas das crianças	17
Passo 2: Inclusão	30
Passo 3: Desenvolvendo a inteligência emocional	34
Passo 4: Proporcionando às crianças os instrumentos para aprender	44
Passo 5: Lidando positivamente com o comportamento	57
Passo 6: Promovendo parcerias com pais e cuidadores	63
Parte Dois: Promovendo o desenvolvimento independente	**71**
Passo 1: Fazendo o maior uso possível do ambiente	71
Passo 2: Ajudando as crianças a desenvolver boas habilidades de atenção	84
Passo 3: Ajudando as crianças a concentrarem-se na atividade	92
Passo 4: Falando a língua da aprendizagem	96
Parte Três: Desenvolvendo técnicas baseadas no cérebro	**107**
Passo 1: Ensinando as crianças a fazer mapas mentais	107
Passo 2: Aventuras nas brincadeiras	114

Passo 3: Maximizando a aprendizagem por meio da música — 122

Passo 4: Ensinando e aprendendo pelo movimento — 127

Passo 5: O lugar da tecnologia — 131

Parte Quatro: Ensinando inteligência — 139

Passo 1: Ensino criativo para mais aprendizagem — 139

Passo 2: Promovendo as bases do trabalho em grupo — 145

Passo 3: Ensinando com meios visuais, auditivos e cinestésicos — 149

Passo 4: Envolvendo as inteligências múltiplas — 157

Passo 5: Sem pressa para aprender — 161

Notas — 167

Apêndices — 169

Alguns princípios do planejamento — 169

Vocabulário básico — 170

Páginas úteis na internet — 172

Material disponível no *site* — 173

Referências — 183

Índice — 187

Introdução

Entendendo o cérebro da criança

Passo 1: Vamos conhecer um cérebro

Nos últimos anos, os pesquisadores começaram a entender mais sobre o cérebro, e os mistérios da inteligência começaram a revelar-se. Atualmente, os cientistas podem olhar dentro do cérebro vivo e ativo, e muitas teorias antigas estão sendo refutadas e novas sendo desenvolvidas.

O cérebro é formado por cerca de cem bilhões de células nervosas, chamadas *neurônios*. Esses neurônios desenvolvem *axônios* para transmitir informações para outros neurônios e *dendritos* para receber informações. À medida que os padrões de pensamento repetem-se, os neurônios participantes constroem caminhos mais fortes e mais diretos, que são chamados de *sinapses*. Os primeiros anos de vida, de fato, são os mais críticos para essa configuração do cérebro: quanto mais estímulos o cérebro da criança recebe, mais caminhos neurais são formados. À medida que repete experiências, esse processo de criação de caminhos torna-se permanente e forte – em outras palavras, as experiências são depositadas na memória. Desse modo, a genética e o ambiente agem juntos para programar o cérebro de cada criança de seu modo singular. Não podemos alterar a genética, mas, como profissionais, podemos proporcionar o ambiente estimulante que poderá maximizar o desenvolvimento do cérebro da criança.

Quando usamos técnicas de aprendizagem baseada no cérebro, estamos adaptando o ambiente de aprendizagem para levar em conta o que os cientistas consideram as melhores maneiras de ajudar as crianças a formar essas conexões neurais. É disto que trata este livro: aplicar o conhecimento atual sobre o cérebro aos anos iniciais. Desenvolver essas técnicas de aprendizagem pode ser emocionante e extremamente gratificante. Esperamos que este livro ajude você a colocar essas técnicas em prática com confiança.

Fato fascinante

- Até muito recentemente, acreditava-se que as funções das diversas áreas do cérebro eram pré-programadas, e que uma lesão em uma área do cérebro causada, por exemplo, por um derrame, seria irreparável. Porém, as últimas pesquisas mostram que o cérebro apresenta um certo nível de *plasticidade* estrutural. Em outras palavras, podem ser criados caminhos neurais completamente novos, e algumas áreas podem assumir papéis inteiramente novos depois de sofrer lesões físicas em outras partes.[1]

- A nutrição afeta o QI diretamente. Em 1988, um grupo de pesquisadores da Christchurch School of Medicine, na Nova Zelândia, acompanhou mais de 1.000 crianças do nascimento até os 18 anos para estudar os efeitos da amamentação. Eles encontraram uma correlação direta entre os escores maiores em testes de capacidade cognitiva e a duração da amamentação.[1] Outros estudos mostram a seriedade da deficiência de ferro para o cérebro em desenvolvimento. O ferro é necessário para a mielinação, o processo pelo qual os axônios são cobertos por uma substância adiposa, chamada mielina. Sem a mielina adequada, a comunicação entre as células cerebrais torna-se lenta. A deficiência de ferro em crianças pequenas pode levar a deficiências no desenvolvimento cognitivo.[2]

- A linguagem está ligada à capacidade de estabelecer memórias. Uma equipe de pesquisadores da Nova Zelândia fez um estudo para descobrir por que a maioria das pessoas não tem memórias de antes dos 3 ou 4 anos. Eles jogaram um determinado jogo com crianças em duas ocasiões diferentes. A maioria delas sabia descrever o jogo na segunda visita, mas, mesmo quando uma criança sabia uma palavra no segundo encontro, ela não a usava se não estivesse em seu vocabulário na primeira visita.[3]

Passo 2: Conhecendo as crianças em seus ambientes

O ambiente

Nosso ambiente é fictício, criado para dar uma visão geral do que podemos alcançar quando usamos técnicas de aprendizagem baseada no cérebro. O ambiente é formado por uma turma de pré-escola de meio turno no salão da igreja, que fica do outro lado do pátio da escola, e também por uma creche e outra turma de educação infantil. Os profissionais têm um relacionamento forte e trabalham para garantir uma boa continuidade e o progresso entre os três grupos. Eles têm usado técnicas baseadas no cérebro há vários anos e avaliam constantemente seu trabalho e desenvolvem novas ideias alinhadas com as pesquisas mais recentes sobre o cérebro e o desenvolvimento infantil.

Nossas quatro crianças são George, que está na pré-escola, Carrie, que frequenta a creche pela manhã e Kishan e Samantha, que estão na classe de adaptação em horário integral. Essas crianças não são "estudos de caso", mas personagens fictícios que ilustram como a aprendizagem é afetada pelas escolhas dos adultos que as rodeiam. Todas tiveram a sorte de vir de lares onde suas necessidades físicas, intelectuais e emocionais são atendidas adequadamente, mas cada uma tem o seu próprio estilo de aprendizagem. Os professores tentam adaptar o currículo à ampla variedade de alunos em suas classes.

As crianças

Vamos conhecer George

George é uma das crianças mais jovens da pré-escola, a qual frequenta três manhãs por semana. Ele é a única criança de sua família, e recebe considerável atenção da sua família ampliada. É uma criança tranquila, que tem um certo receio de situações novas e, muitas vezes, quer seguir as outras crianças.

George pode ser facilmente desestimulado e precisa de apoio de um adulto quando se depara com um desafio. Como muitas crianças pequenas, ele tende a abandonar o que está fazendo se não tiver sucesso imediato. Sua monitora também acredita que ele precisa aprender a ser mais assertivo em situações em grupo. Ele tem feito algumas amizades firmes com as crianças do seu grupo, e está começando a envolver-se em jogos associativos com mais frequência. Uma das suas atividades preferidas é trabalhar no jardim, molhar as plantas, cavar, arrancar as ervas daninhas e observar a natureza. Ele nota detalhes sobre o mundo natural e é um dos primeiros a enxergar mudanças no ambiente externo, como uma planta desabrochando ou uma nova erva daninha crescendo através de uma fissura no pavimento. Usando as definições de Howard Gardner para as "inteligências múltiplas"[4], pode-se dizer que George tem uma forte inteligência naturalista.

Vamos conhecer Carrie

Carrie é a maior entre as crianças do grupo da manhã na creche. Sua mãe é solteira, e precisa viajar muitos quilômetros de ônibus para chegar ao trabalho. Carrie participa do clube do café da manhã antes da escola e é cuidada por uma babá durante a tarde e os feriados escolares. Um dos pontos mais fortes de Carrie está em suas habilidades inter e intrapessoais. Ela relaciona-se bem com outras crianças e adultos e fala confortavelmente sobre como se sente. É sensível aos sentimentos das outras crianças e adora organizá-las e cuidar delas quando se sentem magoadas ou infelizes.

Carrie é uma forte aprendiz visual natural, que consegue recriar um jogo com pequenas palavras só com a memória. Ela gosta de envolver-se com jogos imaginativos bastante elaborados envolvendo outras crianças, mas, às vezes, tem dificuldade de ficar parada por um período prolongado, distraindo-se com a excitação do seu fluxo de novas ideias. Carrie precisa de ajuda para manter o foco e acompanhar as atividades até a conclusão.

Vamos conhecer Kishan

Kishan está na classe de adaptação há dois bimestres. Ele não frequentou a pré-escola ou o maternal, pois estava em uma creche em horário integral, a qual frequentou a partir dos três meses de vida. Sua família é bilíngue. Seus pais são a primeira geração de suas famílias a nascer no Reino Unido, e falam fluentemente o bengalês e o inglês.

Kishan tem uma natureza altamente inquisitiva, combinada com uma energia ilimitada. Ele é um aprendiz cinestésico, que também tem uma forte inteligência lógico-matemática. Seus pontos fortes são em atividades que envolvem a percepção espacial. Ele precisa se mexer para internalizar as informações e sempre está agitado. Consequentemente, Kishan, às vezes, precisa de ajuda com suas amizades. É difícil para ele refletir sobre uma ação como forma de preparar-se para uma situação. Isso pode levá-lo a ter conflitos com seus colegas. Ele precisa de muito tempo para processar as informações, e beneficia-se por receber instruções explícitas e *feedback* sobre o seu comportamento.

Vamos conhecer Samantha

Samantha também frequenta a classe de adaptação em horário integral. Ela tem uma forte inteligência linguística e começou a falar cedo. Em seu primeiro aniversário, ela tinha um vocabulário de aproximadamente 30 palavras e, a partir desse ponto, sua aquisição da linguagem foi explosiva. Ela gosta de sessões de contação de histórias, e não precisa de imagens para ajudar a se concentrar. A mãe dela notou que ela murmurava os pensamentos instintivamente quando começou a caminhar, e ainda acha fácil fazer as atividades falando do começo ao fim. Ela escuta bem e tem relativa facilidade para acompanhar o que a professora está escrevendo ou desenhando no quadro enquanto dá uma explicação para o grupo.

Samantha também tem uma forte inteligência musical. Ela tem um bom senso de ritmo e tonalidade e consegue lembrar de padrões e melodias simples depois de ouvir apenas uma vez. Ela acha fácil aprender com música tocando no fundo, e é a primeira criança a reconhecer um CD quando a professora toca música para indicar que uma sessão está para começar ou terminar. Samantha gosta de ficar em locais fechados para ler, desenhar ou brincar, e precisa de estímulo para participar de atividades ao ar livre.

Parte Um

Preparando o clima e o contexto para a aprendizagem

Passo 1: Abordando as necessidades físicas das crianças

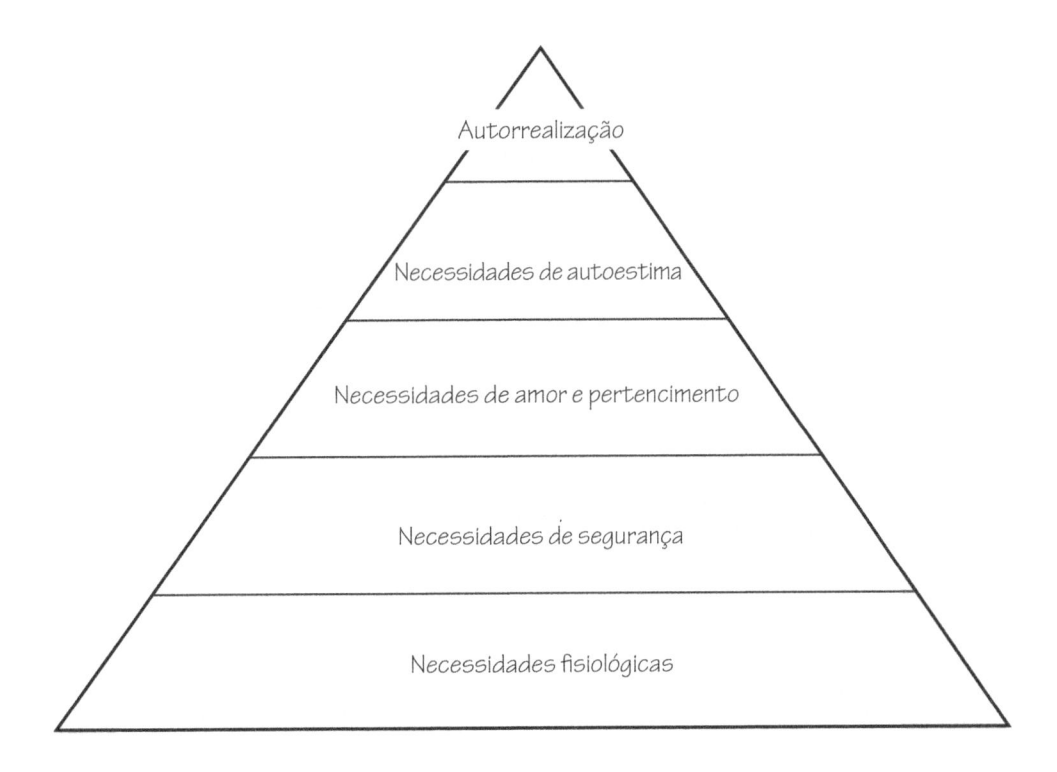

```
              /\
             /  \
            /Auto\
           /rreali\
          /  zação \
         /──────────\
        / Necessidades\
       / de autoestima \
      /─────────────────\
     /   Necessidades    \
    / de amor e pertencimento\
   /───────────────────────────\
  /      Necessidades de         \
 /          segurança              \
/───────────────────────────────────\
/     Necessidades fisiológicas      \
──────────────────────────────────────
```

A hierarquia de necessidades de Maslow

A "hierarquia de necessidades" de Abraham Maslow[5] nos dá uma boa visão geral das necessidades físicas que devem ser satisfeitas para que as crianças aprendam de maneira efetiva. Podemos pensá-las como uma pirâmide, onde cada uma dessas necessidades é uma camada sobre a qual a próxima pode ser colocada. As necessidades fisiológicas formam a base da pirâmide, podendo ser decompostas em cinco áreas: sistemas de hidratação, nutrição, sono, movimento e atenção. É responsabilidade do professor garantir o máximo da capacidade proporcionada por essas necessidades hierárquicas e educar as crianças sobre a sua importância. Eis algumas sugestões de maneiras práticas de fazer isso.

Hidratação

Uma professora de uma classe de adaptação compartilhou sua experiência de introduzir garrafas esportivas na sala de aula:

Decidimos, como política da escola, abordar a questão da fisiologia e aprendizagem. Como parte dessa estratégia, pedimos para os pais darem uma garrafa de água a seus filhos, que pudesse ser mantida na sala de aula, para que eles pudessem beber livremente.

As crianças ficaram tão animadas no primeiro dia em que chegaram à escola segurando suas garrafas que não conseguiam parar mais de dois minutos em seus lugares sem levantar para beber. Eu me senti tentada a colocar limites, mas decidi esperar para ver se a novidade passava. Em dois dias, as idas às garrafas (e ao banheiro!) tornaram-se significativamente menos perturbadoras e, dentro de uma semana, as crianças somente iam à mesa dos refrescos quando realmente estavam com sede. Isso me mostrou que, se você confiar nas crianças, elas responderão. E, se eu não tivesse confiado nelas, teria trocado um sistema insatisfatório por outro.

Em uma creche, os adultos e as crianças tinham acesso fácil à água, mas, quando estavam ocupados, esqueciam de beber. Os adultos conversaram sobre isso com elas e criaram um sinal como lembrete. Agora, sempre que um adulto ou criança lembra de tomar água, eles pegam o pau-de-chuva* colocado perto da mesa da água e o viram. Todos param ao ouvirem o som, para decidir se estão ou não com sede, e tomam algo se precisarem.

Para garantir que as crianças não fiquem desidratadas, você pode:

- Criar momentos sociais para bebidas e lanches ao longo do dia.
- Lembrar as crianças de beberem ao final das sessões e intervalos.
- Incentivar as crianças a usarem garrafas de água esportivas, com bicos de abrir e fechar.
- Fornecer jarras de água e copos para as crianças se servirem.
- Criar momentos em que as crianças possam beber entre as atividades.
- Falar sobre a importância de beber água suficiente.
- Atuar como modelo, bebendo água ao longo do dia.
- Certificar-se de que as crianças têm acesso à água, ao ar livre ou dentro da sala, particularmente em dias quentes. Uma pequena mesa ou bandeja com garrafas as lembrará.

Atualmente, é um requisito estatutário na EYFS (Estágio de Formação dos Anos Iniciais, do Reino Unido) que "deve haver água potável disponível a todo momento".[6]

---

* N. de R.: Instrumento musical composto de um tubo comprido e oco, preenchido com pequenas pedras que, quando virado, faz um som semelhante à água da chuva.

Incentive as crianças a usar garrafas d'água esportivas.

Nutrição

O comentário de uma criança alertou uma professora da creche para as mensagens negativas em relação à dieta na nossa cultura.

Eu estava lendo uma história para um grupo de crianças a respeito das atividades cotidianas de um bebê. Era um livro de uma editora conhecida e respeitada. Eu estava lendo no "piloto automático" quando uma criança comentou, subitamente: "hum, oba, um biscoito delicioso!" O texto na verdade dizia "posso comer um biscoito delicioso". Por que não "uma maçã deliciosa", ou "uma banana deliciosa"? Usamos aquele livro como ponto de partida para uma discussão sobre comidas deliciosas, mas nos tornamos muito mais conscientes das mensagens que estávamos dando às crianças, não apenas por meio de livros, mas em nossas conversas normais sobre comida.

A professora propôs uma auditoria nos livros da biblioteca e retirou alguns que traziam mensagens negativas sobre alimentos. E fez um esforço consciente para selecionar livros com mensagens mais positivas no futuro.

Em nossa inovadora creche, a cada duas quartas-feiras, fazíamos o dia do almoço coletivo. As crianças passavam a manhã preparando e cozinhando o almoço que comeriam juntas ao meio-dia. Muitas vezes, a refeição era temática, e todas as culturas da classe eram representadas. Os pais vinham à escola para ajudar a fazer o almoço com as crianças e a preparar menus saudáveis. Durante essas refeições havia música e tempo para comer com calma e aprender com a experiência. Em uma ocasião, todas as crianças fizeram um esforço heroico para comer toda a comida chinesa com palitos e, em outra, desenrolaram o macarrão cuidadosamente à medida que emergia da máquina de fazer macarrão.

Fato fascinante

O impacto que as escolas podem ter em influenciar os hábitos e o estilo de vida de crianças pequenas foi mostrado pelo impacto de iniciativas como The School Fruit and Vegetable Scheme (O Esquema de Frutas e Legumes da Escola). Uma análise do programa, realizada em 2007, mostrou que "o número de crianças que alcançaram a metade de 5 POR DIA havia aumentado de 25%, em março de 2004, para 44%, em novembro de 2006, e o número de porções consumidas também aumentou, a um ponto em que uma média de 50% das crianças do esquema estão perto de alcançar sua meta de 5 POR DIA".[7]

As crianças podem ajudar a preparar lanches saudáveis.

Para incentivar as crianças a terem uma dieta nutritiva, você pode:
- Criar um clube do café da manhã.
- Proporcionar lanches saudáveis mais regulares.
- Envolver as crianças na preparação de lanches e bebidas.
- Incentivar as crianças a trazerem frutas ou outros lanches saudáveis para a escola.
- Criar dias de almoço coletivo semanais, mensais ou semestrais.
- Dedicar mais tempo e energia para educar as crianças sobre a nutrição e a alimentação saudável.
- Ler livros e contar histórias com mensagens positivas sobre a boa nutrição.
- Monitorar as mensagens subliminares sobre a comida transmitidas em conversas e histórias.
- Monitorar as lancheiras, informando aos pais sobre o que pode ser armazenado com segurança e sobre alimentos apropriados.
- Usar alimentos saudáveis de faz de conta em atividades de dramatização.
- Garantir que as atividades de culinária sempre tenham alimentos saudáveis.
- Plantar alimentos com sementes como agrião, tomate, feijão, vagem ou alface.
- Plantar sementes de frutas e legumes para incentivar o interesse no crescimento das plantas como cenoura, maçã e abacate.

Sono

Uma professora da classe de adaptação sugeriu uma atividade para as crianças fazerem em casa, em que cada uma teria um diário do sono. Ela pediu para elas pegarem livros emprestados do canto dos livros para lerem antes de dormir, enquanto se aconchegassem com seus pais para dormir. Mostruários na sala de aula apresentariam os aspectos agradáveis e maravilhosos da hora de dormir: histórias, carinhos, lençóis quentinhos, brinquedos fofos, música e intimidade.

Quando Carrie entrou na creche, sua mãe começou a ter dificuldades para fazê-la dormir em um horário razoável à noite. A mãe conversou com a professora, que ficou contente por ter a oportunidade de conversar sobre isso, pois notara que Carrie estava sempre cansada e não demonstrava o melhor humor para aprender. Ela imaginava se poderia ser apenas um período de adaptação para Carrie, até ela se acostumar a passar cinco manhãs por semana no maternal.

Elas discutiram a rotina de Carrie para a hora de dormir. Como a mãe tinha uma longa viagem do trabalho, já era tarde quando ela pegava Carrie na casa da babá. Isso significava que sua rotina para dormir começava tarde da noite. A professora sugeriu que a babá poderia criar um período calmo, de 15 minutos, antes da chegada da mãe. Quando a mãe conversou com a babá, elas concordaram que os pertences de Carrie ficariam prontos junto à porta, para que pudessem ir para casa rapidamente e com tranquilidade. Quando a mãe conversou com a professora algumas semanas depois, ela contou que, embora a hora de dormir ainda fosse um desafio, Carrie estava dormindo meia hora mais cedo. A babá continuava a trabalhar em parceria com a mãe e, gradualmente, as coisas melhoraram, e Carrie ficava menos cansada durante o dia.

Providencie uma área para as crianças descansarem.

Para ajudar as crianças a ficarem alertas durante o dia e terem uma postura saudável durante o sono, você pode:

- Planejar atividades para fazer uso de momentos em que as crianças estejam alertas.
- Praticar exercícios de relaxamento regularmente.
- Fazer intervalos para o cérebro e atividades físicas para motivar as crianças, quando necessário.
- Ensinar sobre padrões saudáveis de sono.
- Manter diários sobre o horário de dormir.
- Ler histórias sobre o sono.
- Fazer um projeto com o grupo todo sobre rotinas para dormir.
- Trabalhar em parceria com pais que tenham dificuldade com a hora de dormir.
- Proporcionar uma área para crianças cansadas descansarem durante o dia, com almofadas e colchonetes.
- Promover a hora e o quarto de dormir como um momento e local positivos.
- Cantar cantigas de ninar e outras canções tranquilizantes.
- Colocar uma música suave em certos momentos do dia.
- Trabalhar com os pais para criar transições suaves e tranquilas para crianças que voltam para casa tarde.

Movimento

Uma mãe contou a experiência da sua filha em uma creche onde devia ficar sentada e concentrada por longos períodos de tempo:

Tínhamos pressa para colocar Corrine em uma creche logo depois que nos mudamos. Hoje, vejo que devíamos ter passado mais tempo no local antes de tomarmos a decisão de mandá-la para lá. Corrine estava infeliz desde o começo. Ela simplesmente não estava pronta para passar longos períodos sentada, aprendendo letras e números. Seu comportamento começou a tornar-se difícil na escola e em casa, e ela chorava quando eu a largava na escola. Em seguida, começou a dizer que estava doente todos os dias – às vezes, com dor de barriga ou dor de cabeça, mas, no final, ela acordava todas as manhãs e me dizia que tinha quebrado a perna ou o braço!

Ensine brincadeiras ao ar livre, como amarelinha.

Depois de alguns meses, decidi parar de levá-la e mantê-la em casa. Quando setembro chegou, ela começou a frequentar outra creche, e adorou. A atmosfera era muito diferente; as atividades eram divertidas e envolventes, não esperavam que ela ficasse sentada por eras fazendo uma tarefa sem um intervalo. Ainda me sinto culpada pelos meses que ela passou na creche onde se sentiu tão mal. Felizmente, este ano a professora recuperou a confiança e entusiasmo dela.

Um pai me contou que estava preocupado porque outros pais disseram que a sua filha Molly, que tinha um transtorno da integração sensorial, incomodava as outras crianças porque "se mexia demais na classe". Ele pediu para a professora discutir o problema com a terapeuta ocupacional da sua filha, a qual explicou que as crianças que têm dificuldade para processar informações sensoriais muitas vezes precisam "se mexer". Ela ajudou a professora a criar um plano em que Molly poderia segurar uma bola macia durante os momentos calmos, que poderia espremer em vez de tentar brincar com o cabelo ou com as roupas das outras crianças.

Para garantir que as crianças sob seus cuidados aprendam por meio do movimento, você pode:

- Proporcionar oportunidades para brincadeiras físicas.
- Limitar a quantidade de tempo que você espera que as crianças passem sentadas.
- Programar muitos intervalos curtos para o cérebro, se tiver sessões de ensino formal.
- Fazer um amplo uso do programa de desenvolvimento cognitivo Brain Gym®, e programas como *Letters and Sounds* (Letras e Sons)[8] e *Jolly Learning* (abordagens multissensoriais)[9], que incorporam movimentos na aprendizagem.
- Desenvolver atividades como intervalos para o cérebro, envolvendo movimentos laterais suaves e controlados.
- Incorporar rimas e jogos de ação na hora da roda e da história.
- Ensinar jogos e brincadeiras ao ar livre.
- Organizar o ambiente de modo a garantir liberdade de movimento.
- Usar música para acompanhar atividades físicas vigorosas para motivar as crianças.
- Monitorar as atividades de cada criança para garantir que elas recebam, de forma equilibrada diferentes tipos de brincadeiras.
- Verificar o ambiente regularmente para garantir que a organização dos móveis não restrinja os movimentos das crianças.
- Certificar-se de que a área do grupo, o canto da história e a área da música tenham espaço suficiente para as crianças levantarem-se e mexerem-se durante as atividades em grupo.
- Dar opções às crianças sobre onde e como trabalhar sempre que possível, como brincar no chão ou de pé, em vez de sentadas junto às mesas.

Sistemas de atenção

Por muitas razões, tanto físicas quanto emocionais, para algumas crianças é mais fácil manter períodos de concentração prolongada do que para outras. Essas necessidades fisiológicas e emocionais podem ser atendidas de várias maneiras.

No começo da tarde, Samantha tem dificuldade em manter a concentração e o foco nas tarefas. Seus níveis de energia estão baixos, pois os níveis de aminas em seu corpo estão no nível mais baixo do dia. As *aminas* são as substâncias químicas que atuam como estimulantes para mover o corpo e o cérebro. Felizmente, a professora monitora os níveis de atenção das crianças da sua turma, e proporciona muitas oportunidades para movimentos físicos. Quando Samantha participa de uma atividade em um intervalo para o cérebro, libera adrenalina, que ajuda a mantê-la mais receptiva à aprendizagem.

Para atender os diferentes níveis de concentração das crianças sob seus cuidados, você pode:

- Criar muitas oportunidades para brincadeiras e dar liberdade de movimento.
- Usar afirmações para ajudar as crianças a retomarem o foco nas tarefas.
- Garantir que as atividades existentes satisfaçam as necessidades de cada criança.
- Apresentar sessões de alfabetização e alfabetização numérica em formato VAC (visual-auditivo-cinestésico) para combinar o conteúdo com uma variedade de ciclos de atenção.
- Aumentar o tempo das sessões gradualmente, à medida que as crianças crescem, e monitorar suas respostas e concentração, à medida que avançam lentamente para sessões mais longas.
- Fazer intervalos regulares para o cérebro, de maneira a energizar as crianças.
- Criar um equilíbrio adequado entre atividades propostas por adultos e por crianças e manter um bom equilíbrio, à medida que as crianças crescem.
- Monitorar os altos e baixos das crianças com observação cuidadosa.
- Experimentar para encontrar os melhores momentos para atividades que requeiram maior concentração e sentir-se à vontade para interromper e começar uma sessão quando chegar o momento certo.
- Tentar trabalhar de maneira flexível, dando a crianças com menos atenção a opção de deixar o grupo depois da primeira ou segunda atividade.
- Quando indivíduos ou grupos de crianças ficam agitados, propor uma atividade mais prática para interromper a demanda por concentração e imobilidade.
- Lembre-se de que você tem muito mais flexibilidade na maneira como ensina e organiza as sessões de alfabetização e alfabetização numérica para atender às necessidades dos indivíduos em seu grupo.
- Usar fantoches, vozes diferentes, objetos, música e sons para manter as crianças envolvidas nas atividades de escuta.

Use fantoches para manter as crianças envolvidas.

Ambientes saudáveis

A saúde de crianças está atingindo um ponto de crise, com alguns analistas prevendo que mais de 37% das crianças britânicas de 5 a 13 anos estarão com sobrepeso ou serão obesas em 2012.[10] A responsabilidade por tentar mudar essa epidemia de vício em comidas pouco nutritivas e aversão à prática de exercícios é jogada principalmente sobre os ombros daqueles que trabalham com crianças, com a Statutory Framework (Estatuto Legal da EYFS, do Reino Unido) declarando claramente que "o provedor deve promover a saúde das crianças".[11] Essa tarefa deve ser considerada em duas partes. Primeiro, os profissionais devem ter cuidado para garantir que estejam proporcionando o ambiente mais saudável possível. Em segundo lugar, devem assumir a responsabilidade por educar as crianças sobre a vida saudável, enquanto ajudam e estimulam suas famílias a tentarem viver de forma saudável.

Uma professora da creche criou uma nova política de colocar uma pequena prova de cada tipo de alimento no prato de cada criança na hora do lanche, colocando depois pratos com mais lanches na mesa. Em seguida, ela notou que as crianças começaram a provar novos alimentos simplesmente porque eram expostos a eles:

Em uma semana, uma mãe fez arroz com lentilhas para o lanche – alimentos que são desconhecidos para a maioria das crianças da minha turma. Em vez de perguntar a cada criança o que preferia, ela serviu uma colher de cada alimento em cada prato, e depois colocou as tigelas de arroz e lentilhas no meio da mesa, juntamente com o prato normal de frutas e queijo. Uma ou duas crianças afastaram seus pratos imediatamente, e um garoto chorou ao ver as lentilhas! Essa monitora sentou com ele para tranquilizá-lo, enquanto duas outras crianças começaram a comer e repetiram. Gradualmente, as outras crianças relaxaram e, ao final do lanche, por volta da metade delas havia provado as lentilhas. Algumas comeram apenas frutas, o que não tem problema. Tudo o que falei às crianças foi que não queria que elas se exaltassem. Elas não precisavam comer, mas não podiam ser rudes. Pedi à mãe para voltar um dia e fazer o mesmo lanche de novo, na esperança de que mais crianças experimentassem da próxima vez.

Uma professora de uma creche descreveu como resiste à tentação de usar a hora das refeições como chance para preparação ou limpeza, enquanto come "pelo caminho". Em vez disso, ela tem uma política de relaxar e almoçar com as crianças:

Mesmo que, às vezes, a minha cabeça esteja em outra parte no começo do almoço, quando me sento e respiro fundo algumas vezes, fico feliz que, na nossa creche, priorizamos as refeições. Esse é o momento em que eu realmente consigo conversar com as crianças. Resisto à tentação de corrigir modos ou de "ensiná-las". É um momento para se conectar – e, muitas vezes, para reconectar. Agora entendo que dar um tempo para sentar e comer é tão bom para mim quanto para as crianças. Eu não perderia isso por nada no mundo.

Fato fascinante

Além de aumentar a quantidade de alimentos saudáveis que as crianças comem, muitas escolas atribuem um valor inesperado à participação no *The School Fruit and Vegetable Scheme* (O Esquema de Frutas e Legumes da Escola). Sentar como grupo para comer, o que, em muitos locais, não é a norma, tem a "vantagem de proporcionar um momento social e um momento de aprendizagem". Portanto, além de melhorar a dieta, o esquema ajudou algumas escolas a desenvolver ambientes sociais melhores para as crianças, enquanto comem.[12]

Quando Samantha estava em sua primeira creche, a professora notou que ela raramente queria participar de atividades motoras amplas. Ela falou com os pais dela, que disseram que Samantha sempre preferia atividades em locais fechados do que ao ar livre. Juntos, identificaram os tipos de atividades que Samantha gostava, e a professora começou a construir esses jogos ao ar livre. Por exemplo, Samantha adorava brincar com Fred, o urso de pelúcia da classe. A professora vestiu Fred com um casaco quente e o prendeu a um carrinho, pedindo para Samantha e um amigo o levarem para dar uma volta naquela manhã. Em outra ocasião, ela levou todas as bonecas para o balanço e falou para as crianças que as bonecas precisavam aprender a subir com segurança até o escorregador. Em outra ocasião, ela deu uma bandeira para Samantha abanar na "linha de chegada" para crianças que andavam de bicicleta, e sugeriu que ela pegasse o carrinho e levasse Fred para uma volta na "pista de corrida". Com o tempo, com incentivo e apoio, Samantha começou a envolver-se com mais frequência em brincadeiras físicas ao ar livre.

A seguir, 15 maneiras de promover uma postura positiva em relação à alimentação saudável na sua escola:

1. Incorporar atividades culinárias e o gosto pela comida em suas atividades cotidianas, enfatizando hábitos alimentares saudáveis.
2. Tornar a alimentação saudável uma política para a sua escola, incluindo toda a comida que é feita para, pelas e com as crianças.
3. Garantir que todos os professores tenham confiança e competência ao planejar e implementar a alimentação saudável.
4. Tornar sua escola uma zona livre de alimentos pouco nutritivos para adultos e para crianças.
5. Distribuir folhetos e ideias para os pais sobre lanches saudáveis e receitas simples.

6. Envolver as crianças na preparação de frutas para o lanche e em atividades culinárias, falar sobre os benefícios de comer frutas e legumes.

7. Compartilhar sua lista de compras com as crianças para que elas possam ver que você tenta se alimentar de maneira saudável.

8. Dividir suas metas para a alimentação saudável com pais e cuidadores e pedir para darem ideias e ajuda para criar e manter sua política alimentar.

9. Falar com entusiasmo sobre a alimentação saudável, por exemplo: "que maravilha! Eles têm brócolis novinhas no mercado!"

10. Usar linguagem descritiva enquanto divide sua comida com as crianças, como: "esses pêssegos são extremamente suculentos!" e "que cenouras deliciosas e crocantes!"

11. Cultivar o maior número de alimentos diferentes que puder. Seja criativo com vasos, sacos e potes diferentes; faça seu espaço render.

12. Fazer uma visita a uma fazenda onde possa colher alimentos, frutas e hortaliças para fazer geleias, caldas ou tortas.

13. Fazer uma visita a hortas locais e tentar fazer amizade com um jardineiro!

14. Apresentar os alimentos saudáveis de maneiras divertidas. Por exemplo, cortar um pão francês para fazer sanduíches com uma variedade de recheios, depois dispor os sanduíches em uma bandeja na forma de uma cobra. Usar uvas e uma fatia de cenoura para os olhos e a língua da cobra.

15. Misturar cores e texturas incomuns e deixar as crianças serem criativas ao selecionarem seus lanches. Por exemplo, experimentar pequenos potes de iogurte natural com diferentes cereais sem açúcar e frutas picadas ou fatias de abacate com potes de requeijão e bolachas ou torradas.

Algumas maneiras de ajudar a criar refeições em estilo familiar:

Cada ambiente é diferente, e, para muitos, é desafiador criar uma rotina familiar para a hora do lanche ou da refeição. Aqui estão algumas maneiras que podem ajudar a criar uma atmosfera familiar na hora de dividir a comida:

- Criar uma lista de quais adultos comerão com as crianças a cada dia. Pendurar cópias da lista à mostra, para que as crianças esperem você à mesa e para impedir que você desvie disso.
- Dar uma boa olhada em seus horários de trabalho e ver se consegue reorganizá-los de modo a dar prioridade aos horários de lanches e refeições familiares.
- Insistir que todos os adultos sentem-se para compartilhar o lanche com as crianças, especialmente se isso não for possível no horário das refeições.
- Escrever cardápios em um quadro branco ou verde, com detalhes das refeições para aquele dia.
- Fazer aventais e crachás para as crianças que ajudarem.
- Pedir para os pais ajudarem a preparar os lanches ou refeições na escola e, é claro, convidá-los a ficar para comer!
- Criar uma política de que, a menos que seja perigoso ou de importância vital, aquilo que não for concluído até a hora da refeição deve esperar para depois.
- Criar uma lista para pais ou outras pessoas da comunidade para compartilharem as refeições na escola.
- Agendar "Refeições com a Família" regulares, para as quais deverá convidar outros adultos.

- Criar, junto com outros professores, uma lista de crianças maiores para convidar para as refeições. Conversar antes com elas sobre a importância de servir de exemplo de boas maneiras e habilidades de comunicação durante as refeições.

- Tirar fotos de ocasiões sociais e pendurar cópias em quadros de avisos, postá-las em sua página da internet ou enviá-las por correio eletrônico para os pais, para comunicar e promover a sua política de incentivo à alimentação familiar.

A seguir, 12 maneiras de criar uma atmosfera agradável durante as refeições:

1. Usar toalhas sobre as mesas e pedir para as crianças escolherem quais usar a cada dia.
2. Surpreender as crianças com diferentes pratos de piquenique, jarras para suco e copos – procurar liquidações de final de estação em lojas e visitar lojas de caridade para montar um estoque de modelos divertidos.
3. Estimular as crianças a ajudar a pôr a mesa.
4. Ensinar às crianças como servir comida para si mesmas e para outras pessoas.
5. Fazer protetores para os pés das cadeiras com bolas de tênis para reduzir o ruído.
6. Pedir para as crianças ajudarem a recortar flores ou folhagens do jardim para os vasos das mesas.
7. Selecionar música suave como fundo para as refeições.
8. Ensinar as crianças a usarem guardanapos quando comerem comidas que façam sujeira.

Tente criar uma atmosfera agradável nas refeições.

9. Criar rituais e tradições, como incentivar cada criança a dizer duas coisas pelas quais é grata no começo de cada refeição.
10. Conversar sobre maneiras em outros momentos, e não durante as refeições. Simular passar pratos de comida de faz de conta na hora da roda, e dramatizar como pedir mais comida.
11. Ensinar frases para as crianças recusarem educadamente as comidas que preferem não comer.
12. Ensinar as crianças a esperar que todos estejam sentados antes de comer. Tentar começar cada refeição com um ritual, como agradecer aos cozinheiros ou ler um poema em voz alta.

A seguir, 6 maneiras em que professores podem trabalhar com os pais para melhorar os hábitos alimentares das crianças:

- Um centro infantil usou a "alimentação saudável" como tema de suas reuniões com os pais. Ao final do período, eles haviam refletido sobre muitas maneiras de melhorar os hábitos alimentares da escola e de suas casas, e criaram um livreto com essas ideias para cada participante.

- Uma professora de creche pediu para os pais trazerem receitas para o *Livro de Receitas Saudáveis*. Ela imprimiu cópias, e as crianças decoraram as capas antes de o levarem para casa.

- Uma babá fez um acordo bem-humorado com pais, de que pararia de comer alimentos pouco nutritivas em excesso – e eles também! Todos os adultos limparam suas cozinhas e substituíram salgadinhos, refrigerantes e chocolates por alternativas mais saudáveis. Eles ajudaram uns aos outros quando fizeram a mudança para uma vida mais saudável.
- Uma creche convidou os pais a darem oficinas de culinária, em que todos aprendiam a cozinhar receitas saudáveis enquanto tinham uma noite sociável.
- Outra creche trabalhou com os pais para criar uma lista de compras semanal para ingredientes para a culinária e o lanche, com informações específicas das marcas a comprar, como cereais sem sal ou açúcar demais.
- Uma escola criou a "receita da semana", que penduraram no quatro de avisos dos pais. As crianças ajudaram a fazer a receita, tirando uma série de fotografias do processo. As fotografias e a receita foram apresentadas em um livro de receitas, com fotocópias para os pais levarem para casa, se desejassem.

A seguir, 12 maneiras de levar crianças relutantes para brincar lá fora:

1. Pendurar fotografias de animais selvagens pelo pátio, depois fornecer binóculos e mochilas e estimular as crianças a serem "exploradores" em um safári.
2. Esconder envelopes numerados pelo pátio. Em cada um, colocar uma fotografia da localização do próximo envelope. Mostrar às crianças uma fotografia do local número 1 e ajudá-las a correr de um local para outro, até que retornem ao começo.
3. Ensinar jogos que envolvam correr um pouco, como "Polícia e ladrão" e "Esconde, esconde".
4. Fazer um "desfile" na sala, e depois ir para fora. Tocar instrumentos como tambores ou música de marchar em um CD. Usar chapéus estranhos, serpentinas onduladas ou cachecóis ou fazer pompons para balançar enquanto todos marcham.
5. Marcar um horário regular para jogos ativos ao ar livre com um para-quedas.
6. Fazer a hora da história na rua e fazer uma atividade ao ar livre afim, imediatamente depois.
7. Levar as crianças para fora depois da hora do lanche ou da roda para ensinar um novo jogo.
8. Pedir para os pais se oferecerem como voluntários para brincarem ao ar livre com as crianças regularmente.
9. Esconder "tesouros", como contas coloridas ou lantejoulas, na caixa de areia. Ler uma história sobre piratas ou caça ao tesouro e dar sacos plásticos ou potes para as crianças coletarem o tesouro.
10. Criar um documento de trabalho com informações sobre brincadeiras. Adicionar à sua lista, pedir a pais e amigos para contarem do que eles brincavam quando eram crianças.
11. Procurar histórias que possam contar com movimentos, como "Quem tem medo do lobo mau", depois levar o jogo para fora.
12. Fazer uma busca, mostrando às crianças imagens de objetos escondidos pelo pátio. Tentar dividir as crianças em equipes, com um adulto liderando cada grupo, e incentivá-las a explorar e caçar em todo o pátio.

Alguns objetos de baixo custo para estimular brincadeiras ativas no pátio:

- Pás grandes em uma área do jardim designada para "escavações livres".
- Grandes pedaços de giz para desenhar estradas para bicicletas ou para jogos de corrida.

- Lençóis para cobrir estruturas do pátio e fazer acampamentos.
- Grandes caixas de aparelhos elétricos para fazer acampamentos em diferentes áreas.
- Cones e cordas para delimitar áreas para brincadeiras.
- Cordas amarradas de cerca a cerca para pendurar um lençol para fazer um acampamento.
- Sacos plásticos e linha para fazer pipas, com supervisão de adultos, é claro.
- Tábuas de madeira lisa para construir carros, trens ou casas.
- Tubos de *spray* ou borrifadores de água, com alvos caseiros pendurados pelo pátio.
- Em um dia quente, um borrifador de água pendurado pelo caminho, para fazer um "lava carro" para bicicletas e patinetes (usar roupa de banho para isso).
- Placas de Pare/Siga em palitos de pirulito para direcionar o trânsito de bicicletas.
- Grandes pincéis, rolos, esfregões e vassouras e água para as crianças "pintarem" o pátio.
- Babeiros ou pedaços de papel adesivo com números escritos, para maratonas ou corridas de bicicletas (não é necessário haver vencedores – apenas estimule as crianças a cumprimentarem-se ao passarem).
- Tocos de madeira de árvores cortadas, organizados em configurações diferentes para as crianças saltarem e subirem.
- Cavalos de brinquedo, feitos com varas e cabeças de papelão.
- Cestos de roupa como "traves" para atirar ou chutar bolas.
- Pneus velhos para rolar, empilhar, saltar e esconder.
- Pedras grandes ou tijolos e capacetes para levantar e carregar.
- Aros dispostos na grama como um "caminho das pedras".

Passo 2: Inclusão

> *Todas as crianças têm o direito a uma vida plena, em condições que as ajudem a participar da sociedade e a desenvolver-se como indivíduos, com suas próprias crenças culturais e espirituais.*
>
> Early Years Foundation Stage Framework
> (Estatuto Legal da EYFS – Reino Unido)[13]

> *Temos uma professora maravilhosa na pré-escola. O que realmente me faz confiar nela e sentir que o meu filho está no lugar certo é que ela não enxerga o meu filho como um diagnóstico ou como uma questão comportamental específica. Ela imediatamente viu o que tem de bom nele, as coisas que o tornam "ele"; os traços positivos que eu também adoro nele.*
>
> Uma mãe

Nos últimos anos, houve uma grande mudança de postura e política com relação à inclusão de crianças com necessidades especiais na educação infantil. Hoje é ilegal discriminar crianças ao prestar serviços como educação, e os professores estão familiarizando-se com as necessidades de uma variação muito maior de crianças do que era comum no passado. A inclusão, porém, é mais do que apenas uma mudança de política: é uma mudança ideológica, em que a inclusão de todas as crianças juntas é vista como algo a ser adotado e comemorado.

Seria irreal, contudo, não reconhecer que a inclusão pode apresentar certos desafios para as escolas e os indivíduos. Os professores, muitas vezes, encontram-se na posição de prestar apoio para crianças, pais, cuidadores e colegas, mas também podem precisar buscar apoio. Se esperam que você atenda uma criança que tem necessidades desconhecidas, você vai se deparar com uma curva abrupta de aprendizagem. As chaves para o sucesso são a comunicação e o apoio. A *2009 Lamb Inquiry into Special Educational Needs and Parental Confidence* (Inquérito Lamb em Necessidades Educativas Especiais e Confiança dos Pais – 2009 – Reino Unido) mostra que:

> *Nossas discussões com grupos de pais identificaram diversos fatores básicos para lhes dar confiança no sistema. Entre eles, dois se destacam: a importância para os pais de saber que aqueles que trabalham com seus filhos entendem as necessidades da criança e a comunicação adequada. Esta é importante mesmo quando a comunicação envolve mensagens difíceis.*[14]

Ao construir uma comunicação forte com os pais e outros especialistas envolvidos com a criança, talvez você precise de apoio até se adaptar aos novos desafios. Porém, quando as comunidades unem-se para aprender umas com as outras à medida que atendem as crianças, todos saem enriquecidos. Quanto melhores os sistemas de comunicação e apoio, maior o benefício para todos os envolvidos.

É extremamente importante reconhecer a intensa preocupação que alguns pais podem sentir quando deixam seus filhos sob seus cuidados. A decisão de colocar o filho na escola pode ter sido um processo longo e difícil para eles. Talvez não se sintam confiantes de que estão tomando a melhor decisão, e podem ter preocupações ou temores compreensíveis e fundamentados. Para algumas famílias, essa pode ser a primeira vez que sentiram-se capazes ou prontos para confiar em outra pessoa para cuidar de seu filho. A realidade para muitos pais de filhos com necessidades especiais é que eles têm pouquíssima folga e estão acostumados a administrar o ambiente da criança 24 horas por dia, sete dias por semana. Eles são as pessoas que sabem melhor como lidar com seu filho, e é preciso um grande salto de confiança para entregar isso a alguém que, muitas vezes, é um completo estranho. Portanto, é de importância vital que você dedique-se a conhecer essas famílias muito bem, dando aquele "passo a mais" para construir uma parceria firme.

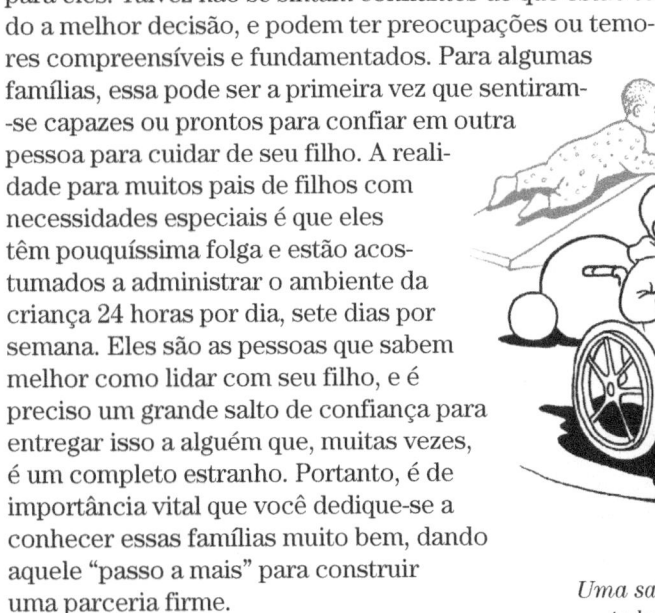

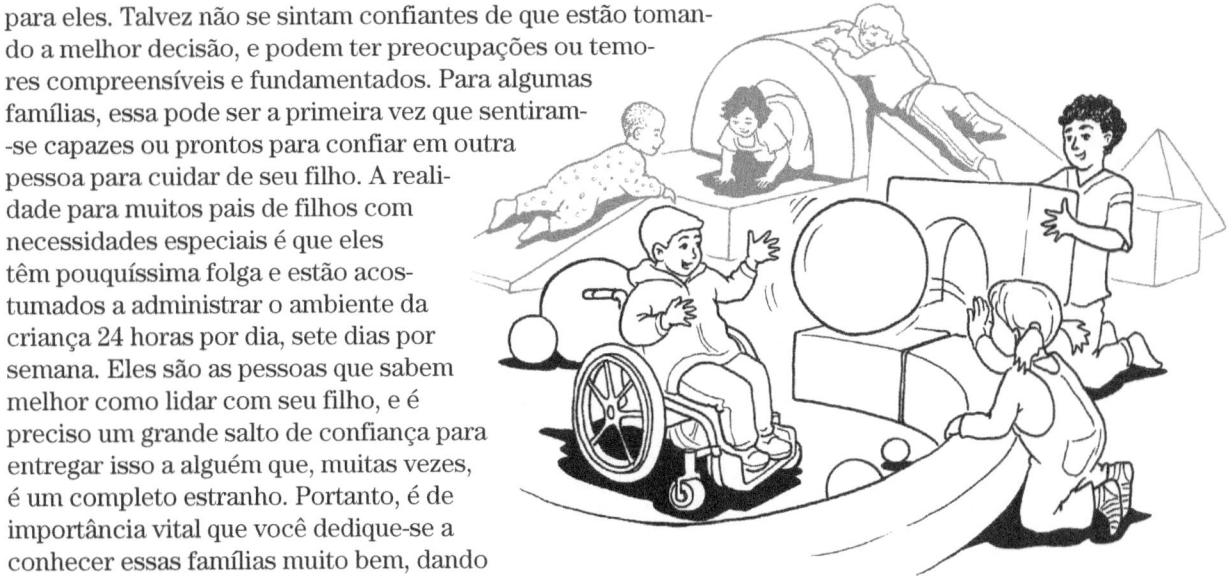

Uma sala de brincar macia permite que crianças com todos os tipos de necessidades brinquem juntas.

Uma mãe norte-americana compartilhou seus sentimentos em relação à professora da sua filha em um fórum virtual:

Minha filha havia acabado de começar na educação infantil de inclusão administrada pelo nosso distrito escolar, e eu já adorava a sua professora, que tem mais de 24 anos de experiência em educação especial.

Uma semana antes de começarem as aulas, ela veio à nossa casa para conhecer a minha filha e ver o nosso programa doméstico. A professora queria ver o nosso programa terapêutico em pessoa, para que pudesse ter uma boa noção do quanto a minha filha sabe. Ela também nos convidou para levar minha filha várias vezes à escola uma semana antes de começarem as aulas, para familiarizá-la com o lugar. Isso me impressionou, pois ela mora a 65 quilômetros de distância. Ela não precisava estar lá, mas fez esse esforço para que a minha filha não tivesse medo da nova escola.

Ela me telefona regularmente para contar coisas sobre a minha filha. Ela não se importa que eu ligue depois do expediente. Ela me envia e-mails, pois não sou eu quem pega a minha filha (a vovó normalmente a busca na escola). Quando fala comigo, essa professora sempre diz algo positivo sobre a minha filha antes de qualquer coisa negativa. É algo pequeno, mas faz uma grande diferença na maneira como me sinto como mãe.

Quando nos visitou, ela me disse que cuidaria da minha filha como se fosse dela, e acreditei nela. Todas essas pequenas coisas que ela faz me mostram que ela se dedica para garantir que a minha filha esteja tirando o máximo do programa de inclusão da educação infantil. Ela não força a minha filha. Ela tem grandes expectativas, mas tempera isso com gentileza e paciência.

Uma mãe falou em uma reunião sobre sua experiência quando seu filho com necessidades especiais começou na creche:

Quando Sammy tinha 3 anos, decidimos entrar para uma pequena escola da nossa cidade. Sammy e eu estávamos isolados havia muito tempo. Sammy tem uma condição séria, e tem dificuldade para se comunicar. É difícil ter amigos quando seu filho não interage com outras crianças, ou quando outros pais não entendem. Eu precisava de um pouco de normalidade na minha vida – encontrar uma comunidade e passar algum tempo com outros adultos, e Sammy precisava aprender com outras pessoas, não apenas comigo.

Concordamos com a professora que eu ficaria com Sammy até ele se acostumar, pelo tempo que precisasse. Eu estava muito estressada, pois temia que pudesse ser muito tempo, e que as professoras começassem a ficar impacientes. Depois de duas semanas, a professora colocou o braço sobre o meu ombro, me olhou nos olhos e disse: "Sabe, se você não quiser deixá-lo até o fim do ano, tudo bem. Você pode ficar aqui. Faça um café e fique por aí, todos os dias. Esta escola também é sua. Quero que você e Sammy sintam-se seguros aqui".

Ela continuou a me tranquilizar: "Se você quiser deixar Sammy, posso ajudar com isso. Faremos funcionar. Mas quero que você saiba que é a mãe dele e que você pode tomar essa decisão, e que vou apoiá-la no que decidir".

Não posso descrever o que isso significa para mim. Pela primeira vez, fomos aceitos pelo que somos, e nos permitem ser quem somos. Pude me misturar com outros adultos que entendiam Sammy e realmente queriam fazer parte da nossa vida. Eu passava uma parte da responsabilidade por Sammy para outras pessoas por um pequeno período a cada dia. Pode soar brega, mas eu senti que estávamos em casa.

A seguir, 21 coisas que fizeram os pais sentirem-se confiantes ao escolherem a escola de seus filhos:

1. "Uma recepção afetuosa todas as vezes em que fazíamos uma visita, e todos lembravam o nome do meu filho e paravam para falar com ele."
2. "Uma senhora eficiente na secretaria, que, em nosso primeiro agendamento, sabia o meu nome, entendia o diagnóstico do meu filho e me ajudou com a papelada."
3. "Disposição para repensar as políticas sobre o armazenamento e a administração de medicamentos, de modo que eu soube que a minha filha estaria segura em qualquer parte do prédio."
4. "Duas visitas residenciais muito tranquilas durante o verão, para que o meu filho conhecesse bem sua monitora."
5. "Poder visitar a escola durante as férias, quando não há outras crianças lá, apenas os adultos preparando-se para o começo do ano letivo."
6. "Cada mensagem telefônica respondida de forma rápida e cortês."
7. "*E-mails* regulares – de grupo para a classe toda, mas também privadas para mim – sobre questões relacionadas com a minha filha."
8. "Modos educados ao telefone – jamais me fizeram sentir que as minhas perguntas eram tolas."
9. "Ótima comunicação entre as professoras e a enfermeira da escola, nosso médico, o fisioterapeuta e nosso assistente social."
10. "Ser tratada como um dos outros pais, mas aceitarem que, às vezes, eu precisava de tratamento 'especial' – como na discussão sobre eventos especiais, para que pudéssemos encontrar maneiras de minha filha participar."
11. "Um sorriso e palavras bondosas sempre que passamos no pátio ou no corredor."
12. "Dizerem claramente que a professora me considerava uma especialista em minha filha."
13. "Saber que a monitora da minha filha realmente entendia o quanto as nossas vidas podem ser difíceis e que ela queria compartilhar um pouco desse desafio."
14. "Chamarem para reuniões para discutir adaptações na sala preparada para o meu filho começar a educação infantil."
15. "Ouvir coisas positivas sobre meu filho e nunca sentir que ele era um peso para os professores."
16. "Enxergar a ludicidade e afeto genuíno nas interações entre a minha filha e sua monitora."
17. "Uma professora regente dedicada a conhecer o meu filho, mesmo que tivesse quatrocentas crianças na escola para cuidar."
18. "Visitas adicionais da sua pré-escola para sua nova classe de adaptação, para que ela pudesse realmente acostumar-se com as mudanças."
19. "Saber que havia um lugar quieto, onde podíamos trocar informações confidenciais em particular."
20. "Oferecerem um diário da casa/escola para comentários cotidianos de cada um."
21. "Fotos das crianças enviadas regularmente para casa, para que eu saiba o que acontece na escola."

Algumas maneiras em que os professores criaram sistemas fortes de apoio:

- Uma professora da creche marcou reuniões regulares após a escola, onde ela e sua assistente encontravam-se com os pais para um café e para conversar informalmente sobre como as coisas estavam andando. Os convites para essas reuniões eram enviados por *e-mail* para outras pessoas que trabalhavam com a criança, para que pudessem participar quando seus horários permitissem. Em uma ocasião, a família convidou a avó da criança, que gostou de conhecer todos que cuidavam da sua neta.

- Uma professora da classe de adaptação organizou tudo para o médico de uma criança participar de uma reunião para falar com toda a equipe da escola sobre a condição médica específica da criança. Quando os colegas ficaram mais cientes dos desafios enfrentados, eles ficaram mais dispostos a ajudar, por exemplo, alterando as rotinas de uso do pátio e alterando os horários, para aliviar a pressão sobre a equipe da classe de adaptação.
- Uma babá fez um bom uso das brinquedotecas montadas por organizações locais de caridade e a Escola Especial da área. Com o tempo, ela passou a conhecer as pessoas que a ajudavam com conselhos práticos e informações sobre grupos e sistemas de apoio.
- Uma atendente de creche entrou para um fórum virtual, onde podia obter informações de outras pessoas sobre questões ligadas às necessidades especiais, e também podia postar perguntas quando precisasse de conselhos ou ajuda de outros profissionais que pudessem enfrentar desafios semelhantes aos seus[15].
- Uma professora da classe de adaptação marcou para reunir-se uma vez a cada 15 dias com sua coordenadora de necessidades educacionais especiais para falar sobre como andavam as coisas com duas crianças específicas da sua classe. Essas reuniões não eram oficiais, mas serviram como um sistema de apoio informal, em que a professora refletia e a coordenadora agia como uma caixa de ressonância.
- Uma escola criou uma biblioteca com livros e folhetos sobre uma variedade de necessidades especiais que ficavam disponíveis para todos os pais pegarem emprestados, para que pais e colegas pudessem aprender sobre os desafios que certas crianças e famílias enfrentavam.
- Uma babá levou seus três filhos para um grupo de apoio à criança, dando a todos a oportunidade de brincar juntos enquanto ela conhecia outros adultos com desafios semelhantes.

Passo 3: Desenvolvendo a inteligência emocional

Ajudando as crianças a alfabetizarem-se emocionalmente

Realmente, precisamos mudar essa dicotomia histórica de cognição por um lado e emoções por outro e entender que as nossas emoções são o alimento que dá vazão ao comportamento social, mas também a níveis diferentes de inteligência.

Dr. Stanley Greenspan[16]

O papel central que as emoções desempenham em cada experiência de aprendizagem é uma das principais descobertas da pesquisa recente. Além disso, grande parte da aprendizagem ocorre dentro de um contexto social. Antes que as crianças possam começar a lidar com as exigências cognitivas de qualquer tarefa, elas devem ser capazes de abordar os componentes sociais e emocionais que acompanham a atividade".

Excellence and Enjoyment, Social and Emotional Aspects of Learning
(Excelência e Prazer, Aspectos Sociais e Emocionais da
Aprendizagem – SEAL – Programa do Reino Unido)[17]

Daniel Goleman[18] argumenta que a inteligência emocional pode ser um fator mais significativo no futuro de uma criança do que qualquer outra medida da inteligência. Os cinco aspectos da alfabetização emocional que Goleman define são: *autoconsciência, controle das emoções, automotivação, lidar com relacionamentos* e *empatia*.

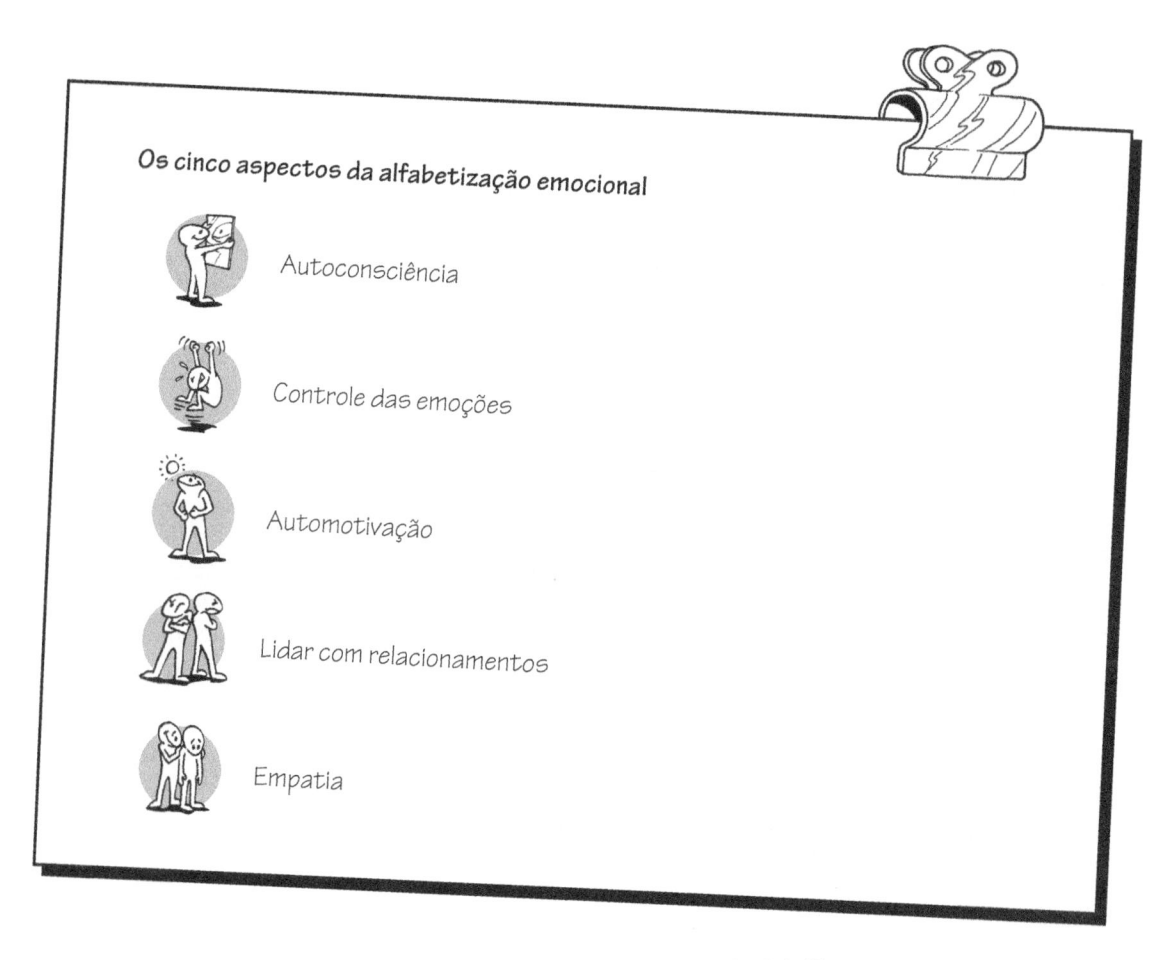

Os cinco aspectos da alfabetização emocional

- Autoconsciência
- Controle das emoções
- Automotivação
- Lidar com relacionamentos
- Empatia

Para versão em tamanho natural, ver final do livro.

É essencial que as crianças desenvolvam habilidades em cada uma dessas áreas para que atinjam as metas do programa *Every Child Matters* (Questões de Cada Criança), e um dos principais desafios do professor é ajudar as crianças a controlar suas emoções. Aprender a controlar o comportamento impulsivo costuma vir acompanhado de maturidade crescente, mas algumas crianças precisam de ajuda adicional para tornarem-se "emocionalmente alfabetizadas".

> George tende a ser passivo, em parte porque é um dos menores no grupo. Suas brincadeiras nem sempre são propositadas, e ele não é resiliente ante dificuldades. George fica feliz em deixar outras crianças assumirem a dianteira e tomarem decisões por ele. Sua monitora costuma criar situações em que ele tenha que liderar o grupo e tomar decisões por si mesmo. Se ele não for envolvido em decisões positivas sobre sua aprendizagem, não desenvolverá os atributos da desenvoltura e da confiança.

Kishan, por sua vez, não é passivo! Ele é resiliente e assertivo, mas não age de forma responsável quando corre para pegar o triciclo vermelho antes dos outros e derruba Samantha ao passar. De maneira gentil, a professora o direciona para ajudar Samantha e verificar se ela não se machucou antes de retornar ao triciclo. Ela está encorajando que ele demonstre empatia nessa ocasião. Seu objetivo é ajudar Kishan a tornar-se mais responsável e deliberado em suas brincadeiras, de modo que ele reflita sobre as consequências de seus atos e aja de forma menos impulsiva.

Um pai disse que ficou um tanto surpreso quando discutiu o comportamento do seu filho com a professora:

Quando Tommy começou na escola, a professora falou comigo e me disse que estava preocupada com o comportamento agressivo dele com as outras crianças. Não me surpreendeu que ele costumasse gritar e fazer coisas do gênero, pois todos em nossa família são um pouco temperamentais – brincamos e chamamos isso de "temperamento de Smith". Porém, me incomodou ouvir que ele estava indo um passo além na escola, e estava batendo em outras crianças.

A professora perguntou se eu achava que o temperamento era hereditário, e não um traço aprendido. Aquilo me fez pensar. É claro que Tommy havia assistido ataques de raiva em nossa casa regularmente desde que nasceu. Eles nunca eram realmente sérios, e os adultos sabem que podemos gritar e xingar, mas que não nos machucamos uns aos outros. Mas Tommy não estava fazendo essa distinção. Entendi que nós, como adultos, não estávamos agindo de forma muito madura e estávamos passando aquilo para nossos filhos.

É suficiente dizer que todos começamos a nos esforçar para nos controlarmos quando ficávamos frustrados. Trabalhamos muito com Tommy para ajudá-lo a desenvolver autocontrole, e, gradualmente, ele aprendeu a usar palavras para expressar frustração, em vez de perder o controle.

Uma professora levou sua classe de adaptação para uma visita a uma igreja local e, de forma inesperada, descobriu uma maneira notável de incentivar as crianças a pensarem com calma sobre questões emocionais difíceis.

No pátio da igreja, embaixo de árvores bonitas, alguns membros da congregação criaram um labirinto. Era uma criação bastante simples, mas bonita. Seixos foram cravados no chão para marcar o caminho, que espiralava em um padrão circular, dobrando várias vezes, até chegar ao centro. O vigário explicou que o labirinto é um conceito antigo e que, ao longo da história, os adultos o usaram para meditação, caminhando lentamente enquanto refletiam sobre problemas difíceis. Ele falou às crianças que também não havia problemas em correr pelo labirinto e explorar.

Depois que as crianças tinham passado algum tempo correndo pelo labirinto tentando pegar uns aos outros, sentei-me e fiz alguns exercícios respiratórios simples. Depois disso, algumas delas foram brincar no jardim, mas outras decidiram entrar no labirinto novamente, pensando sobre algo importante para elas. Era interessante ver crianças tão pequenas aproveitando a chance para pensar em silêncio, enquanto caminhavam pelo padrão simples do labirinto. Não tenho ideia do que elas pensavam, mas resolvi encontrar um modo de criar um "lugar de pensar" semelhante em nosso ambiente no futuro.

Estratégias para ajudar as crianças a desenvolverem a alfabetização emocional:

Cenário: Paula tem dificuldade de esperar a sua vez para usar os brinquedos do pátio, como bicicletas e caminhões.

As estratégias podem ser:
- Usar uma ampulheta para que ela possa enxergar quanto tempo ainda precisa esperar.
- Redirecioná-la para outro brinquedo enquanto espera.
- Distribuir fichas como as usadas em lojas.
- Explicar antes que ela precise esperar.
- Ajudá-la a verbalizar seus sentimentos sobre a necessidade de esperar.
- Reconhecer seus sentimentos sobre a espera e usar afirmações de que ela é muito paciente.
- Comentar sobre como ela espera pacientemente em sessões plenárias.
- Usar um grande quadro branco para ela "escrever" ou colar ou desenhar um sinal indicando que é a vez dela.
- Designar um coletor de fichas com crachá, chapéu e uma prancheta para ajudar as crianças a organizarem-se.

Cenário: Utpal apressa-se para terminar as tarefas e fica incomodado quando o resultado não é satisfatório.

As estratégias podem ser:
- Usar o modelo "Planejar, Trabalhar, Recordar".
- Conversar antes da sessão sobre o que ele planeja fazer.
- Fazer com que ele aproprie-se das atividades, estimulando-o a planejá-las.
- Sentar junto com ele enquanto trabalha e estimulá-lo a trabalhar com calma.
- Estimulá-lo a externar seus pensamentos enquanto trabalha.
- Fazer afirmações regulares de que ele está trabalhando de forma lenta e cuidadosa.
- Estimulá-lo a trabalhar com um amigo para planejar uma tarefa.
- Discutir sequências e dificuldades em grupo e na plenária.
- Desenhar sequências como grupo e percorrê-las como uma história ou peça teatral para completá-las.
- Garantir que ele saiba quanto tempo tem para as atividades planejadas.
- Garantir que ele saiba que haverá tempo para retornar a uma atividade incompleta.
- Ter um lugar para ele colocar pinturas e modelos inacabados.

Ver mais sobre Planejar, Trabalhar, Recordar, na página 149 deste livro.

Cenário: Kirsty entra em conflitos e grita com seus amigos regularmente.

As estratégias podem ser:
- Observar cuidadosamente o que desencadeia os conflitos.
- Estimulá-la a fazer amizade com crianças menos voláteis.
- Conversar sobre as habilidades cooperativas necessárias para uma tarefa antes de começar.
- Estruturar grupos para o seu trabalho com crianças que demonstram boas habilidades cooperativas.
- Observar, e depois intervir, quando os conflitos começam.
- Usar cartões com sinais para lembrá-la de usar um tom de voz adequado.
- Usar o "decibelímetro" para comunicar suas expectativas antes da sessão.
- Praticar o uso de vozes diferentes e conversar sobre como ela se sente quando falam com voz baixa ou alta.
- Fazer afirmações regulares sobre como ela escuta seus amigos e fala suavemente com eles.
- Praticar maneiras alternativas de lidar com discordâncias na hora da roda.
- Estimular as crianças a serem assertivas e dizerem quando não gostam do ruído ou de que gritem com elas.
- Reconhecer sua autocontenção quando ela consegue controlar seu entusiasmo.

Cenário: Jon tem dificuldade para compreender o humor das outras crianças e responder adequadamente.

As estratégias podem ser:
- Incentivar as crianças a verbalizar seus sentimentos.
- Dramatizar cenários na hora da roda, em que as crianças tenham que adivinhar o que as outras estão sentindo.
- Ler histórias que lidem com as emoções das crianças.
- Praticar jogos com fotografias de rostos de crianças que apresentem emoções diferentes.
- Descer até o nível dele enquanto brinca e pedir para ele verbalizar o que pensa que as outras crianças estão sentindo.
- Ser explícito sobre emoções e como as expressões mostram o que alguém sente.
- Usar brinquedos macios e fantoches para explorar sentimentos e relacionamentos.

Cenário: Christie começa as atividades com entusiasmo, mas logo perde o interesse e raramente conclui uma tarefa.

As estratégias podem ser:

- Conversar sobre o que a tarefa acarreta.
- Discutir qual será o resultado final da tarefa.
- Pedir para ela descrever como se sentirá ao concluir a tarefa antes de começar.
- Fazer comentários regularmente durante a tarefa e redirecioná-la, se necessário.
- Fazer intervalos regulares e dar oportunidades para descanso físico.
- Agrupá-la com crianças que tenham boas habilidades de concentração.
- Fazer afirmações frequentes de que ela é boa em cumprir a tarefa.
- Lembrar que as crianças muito pequenas às vezes ficam sem energia e precisam da opção de retornar ao que estavam fazendo após um rápido intervalo.
- Modelar e discutir a necessidade de fazer um intervalo antes de retornar a uma tarefa.

Cenário: Caroline tende a ser dominante, e se frustra quando outras crianças não a seguem nas atividades.

As estratégias podem ser:

- Agrupá-la com crianças que tenham boas habilidades para trabalhar em grupo.
- Discutir quem fará o que antes de começar uma atividade em grupo.
- Observar e intervir em suas brincadeiras antes que ela torne-se dominante demais.
- Descer até o nível dela e ajudá-la a encontrar soluções quando outras crianças não querem segui-la.
- Pedir para outras crianças explicarem a ela como se sentem quando ela está sendo dominante.
- Ser explícito quanto aos sinais verbais e não verbais das outras crianças quando não estão felizes com o comportamento dela no grupo.
- Dramatizar diferentes cenários na hora da roda, para que ela possa experimentar como é seguir os outros.
- Incentivá-la a desenvolver suas ideias independentemente quando outras crianças não quiserem participar.
- Usar afirmações frequentes de que ela sabe escutar os outros.
- Usar brinquedos macios e fantoches para explorar seus sentimentos e relacionamentos.
- Elevar o perfil de atividades de escuta em jogos em dupla, caminhadas para escutar e na hora da roda.
- Envolvê-la em jogos com alternância, canções e rimas com "conversas" e atividades que incluam bater palmas e cantar.

A seguir, 21 maneiras de ajudar as crianças a controlar o comportamento impulsivo:

1. Usar o sistema dos três As, *Agradecimento, Aprovação e Afirmação,* para incentivar respostas apropriadas a situações difíceis.
2. Dramatizar cenários do tipo "e se", em que as crianças precisem praticar as habilidades de autocontrole.
3. Praticar jogos que envolvam espera e alternância.
4. Usar a hora da roda para explorar situações difíceis.
5. Quando as crianças agem de forma impulsiva, ajudá-las a rever seus passos para encontrar respostas alternativas.
6. Ser explícito quanto ao controle das emoções.
7. Comentar quando vir crianças exercerem o autocontrole.
8. Usar dramatização com pequenos brinquedos para ilustrar maneiras de responder a situações frustrantes.
9. Discutir as habilidades de autocontrole que são necessárias antes de embarcar em uma atividade.
10. Praticar jogos que envolvam suspense.
11. Estimular as crianças a falarem sobre seus pensamentos.
12. Explorar emoções e comportamentos por meio de histórias e jogos de faz de conta.
13. Usar filmagem e fotos de situações difíceis no ambiente para ajudar as crianças a explorar sentimentos e respostas.
14. Discutir imagens e pôsteres de rostos com expressões claras para ajudar as crianças a "lerem" características e expressões faciais.
15. Concentrar-se nas duas crianças em situações conflituosas. Evitar a tentação de concentrar-se apenas no agressor.
16. Ter sistemas claros para acalmar, reparar relacionamentos e retornar aos jogos.
17. Coletar e usar livros de história que explorem sentimentos e relacionamentos.
18. Criar suas próprias histórias que abordem questões sobre emoções e comportamentos.
19. Garantir que os programas de computador estimulem respostas criteriosas.
20. Brincar com as crianças, verbalizar suas frustrações e descrever como você as controla.
21. Estimular as crianças a verbalizarem suas emoções e ensiná-las a linguagem que precisam para descrever seus sentimentos.

Ajude as crianças a identificar emoções.

A seguir, 21 maneiras de promover a alfabetização emocional nos anos iniciais:

1. Ler e discutir muitas histórias que envolvam dilemas emocionais.
2. Parar durante as histórias para perguntar o que as crianças acham que os personagens sentiram e como eles devem agir.
3. Pedir para as crianças descreverem o que vão fazer antes de começarem.
4. Dar muitas oportunidades para dramatização.
5. Marcar sessões regulares para a hora da roda.
6. Quando as crianças envolvem-se em uma discussão, demonstrar interesse, conversar com calma e ajudá-las a encontrar soluções.
7. Se uma criança comportar-se mal, ajudá-la repassando o incidente e, se possível, reproduzindo-o. Perguntar o que ela poderia ter feito de diferente.
8. Descrever como você se sente e estimular as crianças a fazerem o mesmo.
9. Usar linguagem tranquilizadora sobre as emoções, como "garanto que você se sente mal por..." ou "acho que você está incomodado com...".
10. Usar o sistema dos Três As para ajudar as crianças a aprender a controlar suas emoções e relacionamentos.
11. Organizar grupos de modo que as crianças mais voláteis sigam seus colegas mais maduros.
12. Conversar sobre as posturas necessárias para abordar as tarefas antes das crianças começarem.
13. Nas sessões plenárias, conversar sobre a maneira que as crianças abordaram suas tarefas, além do que realizaram.
14. Reconhecer os sucessos das crianças ao lidarem com suas emoções, sendo claro quanto ao que afirmar, descrevendo exatamente o que fizeram.
15. Usar o vocabulário das emoções regularmente: falar sobre como você se sentiu em situações e estimular as crianças a fazerem o mesmo.
16. Apresentar imagens e fazer livros de fotografias dos rostos das crianças demonstrando emoções diferentes, como tristeza, surpresa, alegria, medo ou espanto.
17. Fazer um jogo de loteria com diferentes expressões, usando fotografias ou imagens de *clip art* do computador.
18. Fazer uma discussão sobre sentimentos quando recordar ou registrar fatos em mapas mentais.
19. Usar brinquedos macios, fantoches e pequenos personagens reais para reproduzir fatos e discutir como os indivíduos se sentiram.
20. Ao ler histórias, falar sobre as expressões nos rostos dos personagens e discutir como eles podem estar se sentindo.
21. Sempre que houver discordância, reunir as crianças imediatamente para discutir suas emoções e como lidar com elas.

Ajude as crianças a lidarem com suas emoções.

Desenvolvendo a mentalidade de maneira correta

> *Quando você adquire uma certa mentalidade, você entra em um novo mundo. Em um mundo – o dos traços fixos – em que o sucesso envolve provar que você é esperto ou talentoso. Validar-se. No outro – o mundo das qualidades mutáveis – envolve expandir-se para aprender algo novo. Desenvolver-se.*
>
> Carol Dweck: Mindset – *The New Psychology of Success*[19]

A pesquisadora Carol Dweck, da Universidade Stanford, na Califórnia, EUA, acrescentou uma nova dimensão ao conceito de inteligência emocional com a publicação de seu livro campeão de vendas, *Mindset*. Nos longos testes em que mediu a postura das pessoas em relação a desafios, Dweck observou que pessoas com o que chama de "mentalidade de crescimento", que acreditam que a capacidade em qualquer área não é um fenômeno fixo, tendem a enfrentar os desafios e aprender de forma mais efetiva. Comparadas com aquelas que têm uma "mentalidade fixa", elas têm mais inteligência emocional e têm maior probabilidade de atingir o seu potencial.

Uma professora da classe de adaptação leu *Mindset* e compreendeu que, em certas áreas da sua vida, ela havia desenvolvido uma atitude fixa. Quando era adolescente, na escola, ela foi intimidada por um determinado professor de química e desenvolveu uma crença de que jamais entenderia sequer o conceito mais básico em química:

Deixei o livro de lado e comecei a pensar. Como eu poderia ser tão negativa comigo mesma? Como podia ter deixado um mau professor, 10 anos atrás, me afetar desse modo? Que tipo de mensagem eu estava transmitindo involuntariamente às crianças, se, secretamente, sentia que eu mesma não conseguia entender ciências?

Então, fui para a internet naquela noite e encomendei alguns livros de química do ensino fundamental. Meu marido achou que eu estava louca – mas eu tinha que lutar contra esse fantasma que estava escondido em meu armário profissional. Sentei-me e estudei os livros, com a ajuda do meu marido em partes que não entendia e, ao final de algumas semanas, consegui balancear uma equação química – algo que me enchia de horror quando estava na escola!

Depois que mostrei a mim mesma que não era a estúpida que imaginava ser, minha confiança no ensino de ciências aumentou. Não é que eu esteja tentando ensinar reações químicas a minha classe de adaptação, é claro! Mas queria ter feito isso anos atrás, em vez de me sentir um fracasso – como se houvesse algo errado comigo.

A professora de Carrie caiu na armadilha de desviar a atenção do que as crianças não conseguiam fazer e voltá-las para o que já faziam bem, como "oh, sei que é frustrante não saber andar de patinete, mas veja bem – tem o triciclo vermelho – e você é ótima nele!". Essa estratégia bem-intencionada transmitiu uma mensagem muito negativa. O que Carrie ouviu foi: "Você não é boa no patinete, então fique satisfeita em andar de triciclo". Isso a deixou com uma mentalidade fixa – que, de algum modo, ela não herdara o gene de andar de patinete.

> Em vez disso, use uma linguagem que deixe claro que você acredita que a criança aprenderá a andar de patinete quando chegar a hora. Ela não só é uma entusiasmada triciclista, como também uma patinetista em ascensão! Experimente uma estratégia como: "Hum, será que funcionaria se eu tentasse ajudá-la enquanto você pratica o patinete? Depois de um tempo, posso largá-la e você experimenta sozinha". Quando a professora entendeu que seu enfoque tinha um efeito negativo, ela tentou monitorar a linguagem que usava com as crianças quando encontravam desafios.

A seguir, 12 maneiras de estimular a mentalidade de crescimento em crianças:

1. Não elogie a inteligência ou as realizações – ao contrário, concentre-se no esforço e na apreciação.
2. Se elogiar, concentre-se no processo, como: "gosto da maneira como você gira o papel cuidadosamente quando corta", em vez de "esse recorte ficou muito bonito!".
3. Use palavras como "ainda", "logo" e "no futuro" para descrever o que as crianças conseguirão realizar.
4. Demonstre como lidar com retrocessos e seja explícito quanto aos desafios que enfrenta na vida cotidiana.
5. Leia boas histórias sobre personagens que enfrentaram dificuldades e as superaram, mas....
6. ...leia histórias como *A Tartaruga e a Lebre* com cuidado. Lembre que a maioria das crianças prefere ser a lebre, e não a tartaruga, que teve sorte porque a lebre errou.
7. Na hora da roda, conte detalhes de suas atividades fora da escola, incluindo suas decepções. Por exemplo, conte sobre sua corrida de bicicleta e que ficou cansada demais para terminar – e como pretende melhorar sua forma para a próxima vez.
8. Estimule os visitantes a conversar sobre o que consideram mais difícil em seus passatempos ou no trabalho. Peça para conversarem sobre as dificuldades que enfrentam e sobre como poderiam ter praticado e perseverado.
9. Faça perguntas abertas em vez de perguntas que tenham uma resposta "certa" ou "errada".
10. Explique às crianças antecipadamente que certas atividades podem ser difíceis. Fale sobre o que fazer se a sua torre desabar ou se o seu cartão não colar do jeito esperado.
11. Sugira às crianças muitas alternativas a perder o controle ou desistir. Por exemplo, conte histórias simples e peça para sugerirem o que o personagem pode fazer quando não tiver sucesso na primeira tentativa.
12. Certifique-se de que o ambiente oferece muitas oportunidades para desafios em todas as áreas.

Para estimular a mentalidade certa, converse sobre atividades difíceis antecipadamente.

A seguir, 10 frases que incentivam uma mentalidade de crescimento:

1. "Vejo que você já está mantendo o equilíbrio na bicicleta nas curvas. Imagino quanto falta para você poder tirar as rodinhas."
2. "Seu nome está muito mais claro. Olhe o seu caderno e veja como está muito mais claro do que quando você começou em nossa turma."
3. "Hum. Estou mirando o gol daqui desta linha azul. Acho que se praticar alguns dias, conseguirei marcar daqui."
4. "Vamos olhar a tabela para ver quanto tempo levamos para correr até aqui da última vez."
5. "O que será que devemos fazer para melhorar o equilíbrio dessas torres?"
6. "Acho difícil usar o controle remoto do novo aparelho de som. Vou pedir para Sandra me mostrar como se faz."
7. "Ótimo, você colocou o sapato no pé direito, o que deve fazer agora?"
8. "Vamos registrar os resultados de todos neste livro, e depois podemos olhar no final do ano para ver como todos melhoramos."
9. "Como você acha que eu posso ajudar com isso?"
10. "Oh, sei que a sra. Jenkins toca piano melhor do que eu. Mas eu gosto de tocar, e estou melhorando em minhas músicas preferidas!"

Passo 4: Proporcionando às crianças os instrumentos para aprender

Promovendo a autoestima forte

Quando as necessidades fisiológicas, de segurança e sociais das crianças estiverem satisfeitas, pode-se dispor a próxima camada da pirâmide da hierarquia de necessidades de Maslow: a da autoestima. As experiências positivas ajudam a criança a desenvolver posturas e instrumentos úteis para a aprendizagem. Ajudar as crianças a desenvolver confiança e promover a autoestima é uma das tarefas mais importantes para pais e professores.

Kalpana era a menor entre cinco filhos. Ela foi para adoção temporária, depois que sua mãe não conseguiu mais cuidar dela. Foi separada de três dos seus irmãos e se mudou para um lar adotivo, depois de um breve período de volta em casa. Isso exigiu outra mudança para uma nova escola. A autoestima de Kalpana foi afetada negativamente, e seu comportamento deteriorou-se gradualmente.

A nova professora de Kalpana a considerou retraída e silenciosa. Ela contatou a escola anterior e conversou com a professora da classe de adaptação, que contou que Kalpana era uma criança extrovertida até a mãe dela adoecer, mas começou a perder a confiança gradualmente à medida que se mudava para casas diferentes. Ela achava que Kalpana havia começado a acreditar que, de alguma forma, era sua culpa que a mãe não pudesse cuidar dela.

Com o conhecimento de que Kalpana era uma garotinha confiante e que essa mudança ocorrera por causa da sua situação doméstica, a nova professora começou a trabalhar com ela para restaurar um pouco da sua autoestima prejudicada. A assistente da sala de aula começou a passar períodos regulares com Kalpana e envolvê-la em rotinas simples que lhe dessem mais atenção individual. Ela levava Kalpana e uma amiga todas as manhãs para buscar as frutas na cantina e preparar o lanche. Encarregou Kalpana de encher as jarras de água para o almoço e ajudar a pegar os livros de leitura do armário da professora durante a hora da entrada. Lentamente, ela construiu um relacionamento de confiança com Kalpana, e começou a enxergar sua autoestima aumentar. Ainda demoraria antes que a vida familiar de Kalpana recuperasse um pouco da estabilidade, mas, por enquanto, era importante que ela experimentasse sucessos em relacionamentos a dois.

Apesar da pressão de parte de sua família e amigos para "tornar Carrie independente" antes de começar a escola, a mãe de Carrie não queria fomentar a independência nesse estágio, compreendendo sabiamente que, antes da independência, uma criança precisa experimentar uma forte e saudável *dependência*.

Quando Carrie começou na creche, ela tinha dificuldade para se despedir da sua mãe. Ela preferia ir para a casa da babá, onde tinha o benefício da familiaridade e da rotina. A mãe de Carrie não teve pressa para adaptar a menina ao novo ambiente. As professoras a incentivaram a ficar com Carrie por várias sessões antes de deixá-la por períodos curtos. Elas tiraram fotografias de Carrie na creche com sua monitora, que ela levou para casa e colocou na parede do quarto. Perguntaram se ela gostaria de trazer um brinquedo preferido para a escola e, no primeiro dia em que sua mãe a deixou, ela ficou com seu ursinho de pelúcia por perto. A babá a buscava meia hora antes do fim da sessão e passava algum tempo olhando a creche junto com Carrie, para que tivessem bastante sobre o que conversar durante o almoço.

Gradualmente, Carrie tornou-se mais confiante no ambiente. Ela estava orgulhosa de ser uma "garota grande" e de ir para a "escola", como as filhas da sua babá. Sua autoestima aumentou com seus sucessos em lidar com a transição. Ela teve um bom começo em sua carreira escolar, e as professoras continuaram a desenvolver a autoestima forte que a mãe de Carrie havia estimulado desde que ela nasceu.

Uma professora falou sobre uma criança de sua classe que era atendida pela psicóloga educacional como parte de uma avaliação formal de suas necessidades especiais:

Jamie tinha um histórico muito complicado. Ele foi entregue para adoção aos 3 anos e, desde então, esteve em cuidado adotivo. Depois de uma adoção fracassada, ele retornou à sua família adotiva original e foi readmitido em nossa turma da creche. A autoestima de Jamie estava em seu momento mais baixo: ele parecia ter compreendido a adoção fracassada como uma confirmação da sua falta de valor.

O aspecto mais esclarecedor da avaliação formal foi quando a psicóloga educacional me falou o que ele tinha dito de si mesmo. Ela perguntou o que ele mais gostava na escola, na sua família adotiva, nos seus amigos e o que ele mais gostava sobre si mesmo. Ele disse muitas coisas que eram boas em relação à escola e às pessoas da sua vida. Quando a psicóloga pediu que ele falasse sobre os seus atributos positivos – sua habilidade para desenhar, sua natureza adorável, sua imaginação e seu senso de humor, ele tapou os ouvidos com as mãos e não queria ouvir. Entendemos que seria preciso muito trabalho para reafirmar os sentimentos positivos que esse pequeno garotinho tinha sobre si mesmo.

A seguir, 21 maneiras de promover a autoestima positiva:

1. Falar os nomes das crianças ao falar com elas.
2. Descer ao nível das crianças e fazer contato ocular quando as cumprimentar.
3. Pedir para as crianças demonstrarem novas habilidades em sessões plenárias.
4. Estimular as crianças a falar sobre as atividades de que gostaram nas sessões plenárias.
5. Contar aos pais e cuidadores pequenos detalhes sobre os feitos das crianças durante o dia.
6. Usar afirmações regulares sobre indivíduos e o grupo.
7. Marcar sessões regulares para a hora da roda.
8. Enviar as crianças à secretaria, outra classe ou outro grupo para falar sobre o que aprenderam.
9. Tirar fotografias de crianças envolvidas em aprender a expô-las de forma proeminente.
10. Enviar bilhetes ou *e-mails* para casa a respeito das realizações das crianças.
11. Fazer um "Quadro da celebração", com *banners* e balões, onde se possa expor fotografias de crianças participando entusiasmadamente de atividades.
12. Dar às crianças grandes crachás para usar como prêmios engraçados, como o "Encarregado do dia" ou o "Ajudante da semana".
13. Usar um "Boné da realização" para comemorar o sucesso – a criança usa o boné na ocasião.
14. Incentivar as crianças a falar sobre seus interesses e atividades externas.
15. Criar um quadro para as crianças exporem fotografias e histórias sobre seus amigos e familiares e suas atividades.
16. Selecionar uma música animada para tocar ao final de cada semana, depois de conversar sobre as realizações de cada um. Dançar juntos ao som da música.
17. Contar novidades sobre atividades bem-sucedidas em reuniões, como assembleias ou reuniões com os pais, e fazer uma rodada de aplausos para as crianças.
18. Quando uma criança supera uma dificuldade ou faz uma nova descoberta, pedir para quem estiver ao seu redor aplaudir ou apertar a sua mão.
19. Fazer uma rima, canto ou canção de comemoração com as crianças e usar quando alguém ou o grupo fizer algo.
20. Criar um prêmio para dar ao final de cada semana para a criança levar para casa no fim de semana e fazer uma cerimônia como o Oscar quando entregar. Reconhecer o esforço e a perseverança e garantir que todas as crianças tenham a sua vez.

21. Ao final de uma sessão realmente bem-sucedida, fazer uma fila com as crianças e dar um abraço, um aperto de mão ou um "toca aqui!" em cada uma.

Hora da roda

Use a hora da roda para promover a autoestima das crianças.

Uma das maneiras mais efetivas de promover a autoestima em crianças pequenas é o uso da hora da roda. A hora da roda promove a autoestima e atitudes positivas em relação à aprendizagem. Duas regras básicas podem ser ensinadas: ninguém pode interromper quem fala e só se pode falar coisas positivas, boas ou atenciosas sobre os outros. Depois de um tempo de aquecimento, pode-se realizar uma ampla variedade de atividades. A hora da roda pode ser usada para as crianças revisitarem situações difíceis, para encontrarem soluções para problemas, para compartilharem seus sucessos e para expressarem seus sentimentos e desenvolverem empatia pelos outros.

A seguir, 6 atividades de aquecimento para a hora da roda:

1. Bola das boas-vindas:
   Uma criança começa jogando uma bola ou um saco de feijões para outra dizendo "Bem-vindo" seguido pelo nome. Essa criança então atira para outra, cumprimentando-a, e assim por diante, até que todos tenham a sua vez.

2. Jogo de sentar:
   Todos levantam. A professora diz para uma criança: "senta" seguido pelo seu nome. Essa criança então convida outra pelo nome, e assim por diante, até que todos estejam sentados.

3. **Duplo aperto de mão:**

   A primeira criança vira-se e aperta as duas mãos da que está ao seu lado, depois a próxima criança passa o duplo aperto de mão para a que está à sua direita e, assim, o duplo aperto de mão segue por toda a roda.

4. **Braços cruzados:**

   Uma criança começa, cruzando com a mão direita e apertando a mão esquerda da criança à sua esquerda, que então cruza sua mão direita para a mão esquerda da próxima pessoa, até que todos estejam com os braços cruzados. Isso leva um certo tempo para aprender.

5. **Círculo de corda:**

   Uma criança segura a ponta de uma longa corda ou pedaço de cordão. Ela passa a corda por dentro das suas mãos fechadas, para a próxima criança, que a passa, através das suas mãos, para a próxima, até que a corda forme uma roda através das mãos de cada criança.

6. **Olhem, olhem:**

   A professora usa uma marionete para fazer posições que as crianças imitam enquanto cantam uma canção como a seguinte, cantada com a melodia de "Frère Jacques":

   Olhem, olhem, olhem, olhem

   Me copiem, me copiem

   Todos façam isso, todos façam isso

   Como eu, como eu.

A seguir, 12 atividades para a hora da roda:

1. **Canção de boas-vindas:**

   Depois que as crianças sentarem-se para a hora da roda, elas cantam uma canção de boas-vindas juntas, como a abaixo, que é cantada com a melodia de "Skip to my Lou". A professora deve estimular todos a olharem para a criança citada e sorrirem enquanto lhe dão as boas-vindas. Elas continuam os versos até que cada uma seja cumprimentada pelo nome, se necessário terminando com "Olá crianças, como vão vocês?", "Olá, professora, como vai você?" ou "Olá mamães, como vão vocês?", até que o último verso esteja completo.

   Olá (nome), como vai você?

   Olá (nome), como vai você?

   Olá (nome), como vai você?

   Estamos muito felizes de ver você!

2. Dança das cadeiras:

    A professora organiza uma roda de cadeiras com uma a mais do que o número de crianças. Ela fica no meio do círculo e diz algo como "pessoas que gostam de desenhar" ou "pessoas que gostam de brincar de casinha". As crianças devem decidir se a descrição corresponde a elas. No caso positivo, elas devem levantar e encontrar outro assento; se não as descrever, elas ficam em seus lugares. Em uma variação desse jogo, a professora pode ler em cartões preparados para as atividades da semana, por exemplo, "pessoas que fizeram culinária" ou "pessoas que construíram um modelo impressionante de um tiranossauro esta semana".

3. A moldura:

    As crianças passam uma moldura de papelão, e a seguram na frente do rosto. Enquanto seguram a moldura, podem dizer coisas positivas sobre si mesmas para o grupo, ou as outras crianças podem dizer algo sobre elas. Podem ser comentários gerais ou um tema específico, como "que jogos eu jogo bem?" ou "o que eu gosto de fazer no fim de semana".

4. Adivinha quem é?:

    As crianças passam um objeto falante na roda. Então, duas outras crianças vão para trás da cortina do canto dos livros. Uma fala, escolhendo o que dizer, ou dizendo uma frase definida que as outras já escolheram. Pode ter um efeito poderoso usar uma afirmação como "nosso grupo é bom em escutar uns aos outros". A criança com o objeto falante deve adivinhar qual das duas crianças falou. Se estiverem certas, elas estarão no próximo par a ir para atrás da cortina depois de passar o objeto falante para a próxima criança.

5. Telefone sem fio:

    A professora começa a passar uma mensagem ao redor da roda, sussurrando no ouvido da criança ao seu lado. Essa criança sussurra para a próxima, e assim por diante, até voltar ao ponto inicial.

6. Correndo em volta:

    Depois que todos estiverem sentados na roda, a professora diz algo como "camisa vermelha". Todos que estiverem de camisa vermelha levantam, correm ao redor da roda e voltam a seus lugares. O jogo então continua com outras categorias, como roupas, preferências como "gosta de brigadeiro", ou detalhes sobre a aparência.

7. Expressão facial:

    Usando algumas fotografias de expressões faciais, as crianças alternam-se para pegar um cartão e, sem mostrar aos outros, fazer a expressão. Os outros devem identificar e dizer o nome da expressão.

8. A voz:

    A professora faz uma gravação de diferentes adultos ou crianças da sala enquanto estão falando. Ela toca trechos e pede para as crianças identificarem quem está falando.

9. Diga uma coisa legal:

    Enquanto passam o objeto falante ao redor da roda, as crianças dizem "uma coisa legal foi quando...", pode ser ampliado para "uma coisa legal que eu fiz" ou "alguém que foi legal comigo" ou "agradeço à minha amiga Priya por..."

10. Passe o movimento:

    A professora começa fazendo um movimento com as mãos, como balançar os dedos, bater palmas ou estalar os dedos. Ela vira-se para a próxima pessoa e passa o movimento adiante, e aquela criança o copia e depois "passa" ao redor da roda. Novos movimentos podem ser adicionados quando o primeiro retorna ou enquanto ainda está a caminho (isso é muito mais difícil).

11. Trocando de lugar:

    A professora escolhe uma pessoa que diz o nome de alguém e troca de lugar com ele. Essa criança senta e levanta rapidamente e diz o nome de outra pessoa para trocar de lugar. Esta senta e levanta rapidamente e diz o nome de mais alguém e troca de lugar com ele, e assim por diante, até que todos tenham feito pelo menos uma vez.

12. Faça-me rir:

    Uma criança é escolhida para ficar no meio. As crianças cantam a canção abaixo e depois tentam fazê-la rir sem tocar nela. Quando ela ri, deve escolher outra para tomar o seu lugar.

    Vamos fazer você rir, rir, rir

    Você vai perder essa careta

    Vamos fazer você rir

    Quando se sentar

    (cantado com a melodia de "Atirei o pau no gato")

A seguir, 6 atividades para terminar a hora da roda:

1. Passar um sorriso:

    As crianças viram-se umas para as outras, passando um sorriso ao redor da roda enquanto cantam esta canção:

    Vire a cabeça e passe um sorriso

    (aperta a mão, toca um dedo do pé e assim por diante)

    Passe um sorriso, passe um sorriso

    Vire a cabeça e passe um sorriso

    Ao redor da roda

    (cante com a melodia de "Pai Francisco")

2. Se eu fosse...:

   As crianças alternam-se para dizer o que escolheriam ser se fossem de uma categoria que a professora escolhe, como "se eu fosse um animal, eu seria um (coelho/girafa/tigre)".

3. Estátuas derretidas:

   As crianças ficam em pé, paradas como estátuas, e começam a derreter gradualmente até o chão, ouvindo música ou em silêncio.

4. Passar o chocalho:

   As crianças passam um chocalho, um molho de chaves ou um pandeiro ao redor da roda, tendo cuidado para não fazer nenhum som.

5. A vela:

   A professora acende uma vela no centro da roda. As crianças sentam, assistem em silêncio e cantam ou murmuram uma canção enquanto refletem sobre o seu dia.

6. Canção de despedida:

   Todos cantam uma canção de despedida, como as seguintes, que podem ser adaptadas nas línguas faladas na classe:[16]

   Auf wiedersehn (nome), auf wiedersehn (nome),

   Daag (nome), daag (nome),

   Au revoir (nome), au revoir (nome),

   Joy geen (nome), joy geen (nome),

   Sayonara (nome), sayonara (nome),

   Shalom (nome), shalom (nome),

   Adios (nome), adios (nome),

   Aloha (nome), aloha (nome),

   (cantada com a melodia de "Frère Jacques"[20])

   Olhe a (nome da professora), olhe a (nome da professora),

   Quando ela sorrir, quando ela sorrir,

   Quando ela sorrir para você, sente-se,

   Quando ela sorrir para você, sente-se

   (nome da professora) sorri, (nome da professora) sorri

   (cantada com a melodia de "Passa, passa, gavião", com todas as crianças em pé. À medida que a professora sorrir para cada criança, todas vão sentando)

Rola, rola, rola a bola

Até o outro lado

Diz um nome e rola a bola

E depois rola outra vez.

(cantada com a melodia de "Boi da cara preta", rolando a bola suavemente para a pessoa do outro lado da roda)

Ponha o espelho no seu joelho

Olhe para ele, o que você vê?

O querido (**nome da criança**) *é o que você vê,*

Olhando no espelho.

(cantada com a melodia de "Cirandinha", enquanto passam um espelho de mão ao redor da roda)

Desenvolvendo uma postura positiva

Uma das chaves para o sucesso é ter autoconfiança. Uma autoconfiança forte dá à criança uma postura positiva em relação a todos os aspectos da aprendizagem. Uma criança com uma postura positiva é persistente e enfrenta os desafios com confiança. Proporcionar um ambiente com o nível certo de apoio e desafio ajuda as crianças a desenvolverem essa postura positiva. Permitir que elas corram riscos e às vezes fracassem é essencial para que cresçam para serem adultos que saibam enfrentar desafios e lidar com o fracasso.

Muitos especialistas acreditam que a sociedade atrapalha esse desenvolvimento com uma atitude zelosa demais quanto à segurança. Atitudes bem-intencionadas para tornar as áreas de jogos seguras muitas vezes exageram, ao ponto de muitos pátios tornarem-se locais estéreis, onde as crianças não enfrentam nenhum desafio. As normas que dizem que todas as barras em aparelhos de escalar devem ter distâncias padronizadas e regulares significam que muitas crianças não desenvolvem plenamente a capacidade de mexer seus corpos em sequências imprevisíveis. As preocupações com possíveis acidentes podem acarretar que elas não tenham oportunidades para subir em árvores ou arranhar os joelhos. Obviamente, não queremos expor as crianças a riscos desnecessários, mas a infância deve apresentar desafios. É encorajador que o governo tenha anunciado um compromisso com o *The Children's Plan* (Plano das Crianças – Departamento de Educação – Reino Unido) para criar e melhorar 3.500 pracinhas infantis.[21] Espera-se que os projetistas planejem essas áreas de forma criativa, pois, se a sociedade insistir em sanear e padronizar as experiências, existe um risco de que as crianças de hoje cresçam para serem adultos com uma postura negativa quanto a qualquer tipo de desafio.

Fato fascinante

Nas décadas de 1990 e 2000, quando o programa de televisão That's Life (Essa é a Vida) fez uma campanha para que todas as pracinhas infantis recebessem superfícies seguras, estima-se que tenham sido gastos entre 200 e 300 milhões de libras com isso no Reino Unido. Como resultado, muitos projetos de pracinhas foram cancelados devido aos custos proibitivos, significando que as crianças precisam caminhar mais para chegar à pracinha mais próxima. O número estimado de vidas de crianças salvas por essas superfícies seguras, com base em estatísticas de acidentes de décadas anteriores, atinge o número total de uma ou duas. Durante esse mesmo período, aproximadamente 1.300 crianças morreram atropeladas, e por volta de 40 mil feriram-se gravemente.[22]

Quando a torre de tijolos de Samantha cai pela terceira vez, ela não culpa as outras crianças, e também não desiste. Ao contrário, ela diz: "oh-oh!" e faz uma cara de tonta. Então, começa a construir de novo, dessa vez com os tijolos maiores na base da torre. Ela tem o amparo de uma autoimagem positiva e muita autoestima. Samantha é resiliente e persistente. Ela também sabe como pedir ajuda. Quando sua amiga Angie passa perto, Samantha a chama. Angie senta e a ajuda a pegar os tijolos maiores, e, juntas, elas constroem uma torre alta o suficiente para satisfazer as ambições de Samantha.

Na creche, as crianças queriam novas prateleiras para expor seus modelos. As professoras as levaram a uma loja para escolher e comprar as prateleiras. Assim, elas possibilitaram que as crianças se apropriassem e decifrassem as instruções e construíssem as prateleiras. Infelizmente, faltavam algumas partes no pacote. Mas, em vez de adultos assumirem o controle, eles ajudaram as próprias crianças a telefonar para a loja para reclamar. O resultado foi que o gerente da loja veio naquele dia entregar o que faltava pessoalmente.

A seguir, 21 maneiras de promover a postura positiva nos anos iniciais:

1. Criar muitas tarefas e atividades que não tenham uma resposta "correta".
2. Criar momentos da "sua vez" e dar exemplos de como agir na "sua vez".
3. Explorar a ideia de fracasso e ser explícito quanto a estar "travado".
4. Pedir para as crianças pensarem em perguntas abertas e dar muitas oportunidades para o pensamento compartilhado e prolongado.
5. Fazer exercícios que envolvam considerar os resultados de cenários variados.
6. Envolver as crianças em criar uma lista de afazeres do dia ou da semana.
7. Dar às crianças responsabilidades como cuidar dos animais de estimação e organizar o canto dos livros.
8. Planejar atividades que envolvam as crianças pensarem em muitas perguntas realmente boas.
9. Planejar atividades que exijam fazer perguntas a outras pessoas.
10. Ensaiar e praticar comportamentos adequados, como parar e pensar ou conversar com um amigo ou adulto.
11. Incentivar as crianças a trabalharem juntas em pares ou grupos.
12. Notar e fazer um comentário positivo quando as crianças ajudam umas às outras.
13. Reconhecer publicamente as posturas positivas.
14. Lembrar de contar aos pais e cuidadores sobre os sucessos das crianças e atividades de que gostaram.
15. Usar fantoches e histórias para explorar posturas como o trabalho em equipe e a perseverança.
16. Incentivar as crianças a falar sobre amigos que as ajudam.
17. Falar sobre posturas positivas com a plenária ou em grupo.
18. Incentivar as crianças a falarem o que estão pensando.
19. Falar o que você está pensando, verbalizar quando cometer um engano ou precisar repensar.

20. Juntar livros e contar histórias sobre pessoas que tenham superado dificuldades e tenham uma postura positiva.
21. Criar um quadro chamado "Conseguimos", que expõe fotografias e frases das realizações positivas de todas as crianças.

"Conseguimos": nós cuidamos dos nossos animais de estimação.

A seguir, 21 maneiras de transformar o pátio em uma área fisicamente desafiadora e positiva:

1. Distribuir tábuas e cavaletes que as crianças possam usar para montar configurações diferentes e imprevisíveis para subir.
2. Dispor troncos a distâncias e alturas desiguais para saltar e subir.
3. Permitir que as crianças subam nas árvores, com supervisão, se necessário. Se não houver árvores, preparar aparelhos alternativos para escalar, mas, ao mesmo tempo, planejar a jardinagem para as gerações futuras de crianças terem experiências em subir em árvores.
4. Dar às crianças uma variedade de pneus velhos, empilhá-los e usá-las para rolar, escalar e saltar.

É claro, preste atenção na questão da segurança ao criar uma área externa desafiadora, mas, ao mesmo tempo, procure um equilíbrio que também proporcione um nível elevado de desafio.

5. Pegar algumas pedras de calçada e incentivar as crianças a carregá-las em carrinhos e fazer uma construção – as crianças precisam do desafio de levantar, mudar de lugar e carregar objetos pesados com segurança.

6. Empilhar objetos como monoblocos de plástico, carretéis de fios, tubos de papelão, baldes, caixas, escadas e tábuas e deixar as crianças encontrarem maneiras de usá-los.

7. Criar áreas onde as crianças possam ter a sensação de independência, por exemplo, onde possam construir tocas e estruturas para escalar usando materiais naturais.

8. Criar um labirinto ou estrutura de escalar com fardos de palha e mudá-los de posição regularmente.

9. Ao comprar novos equipamentos, procurar estruturas que deem flexibilidade para brincadeiras livres e oportunidades para mais de uma criança envolver-se.

10. Ao criar regras sobre o uso do equipamento, pensar cuidadosamente sobre suas razões para as regras de segurança, por exemplo, até que altura as crianças podem subir.

11. Vistoriar o pátio onde as crianças brincam e perguntar a si mesmo se existem maneiras de melhorar o nível de desafio para as crianças, alterando suas regras juntamente com seus sistemas de supervisão.

12. Trabalhar com os pais para trocar informações sobre o quanto é importante para as crianças serem estimuladas e desafiadas ao ar livre e pedir ideias de como melhorar o pátio.

13. Juntar rodas de bicicletas e outros pedaços interessantes de máquinas e oferecê-los para brincadeiras de construir e outras brincadeiras imaginativas.

14. Oferecer uma variedade de materiais naturais, como pedras, conchas, gravetos e folhas para adicionar a materiais de construção maiores. O acesso a essas "peças pequenas" estimulará brincadeiras imaginativas.

15. Comprar equipamentos de cozinha de acampamento, como panelas de metal, e oferecê-los para brincadeiras no pátio com lama, pedras e gravetos.

16. Tornar seu pátio desafiador, permitindo que as crianças preparem e guardem os equipamentos que usarem. Desse modo, elas terão opções reais sobre o que usam, e combinarão coisas de maneiras inesperadas.

17. Fornecer equipamento para jardinagem e ensinar como usar essas ferramentas com segurança para a atividade – algumas crianças adoram apenas cavar. Criar uma área para as crianças cavarem livremente na lama.

18. O trabalho com madeira pode ser uma atividade muito estimulante para certas crianças. Tornar a área segura, supervisionar cuidadosamente e ensinar bons hábitos para usar e guardar ferramentas.

19. Usar os recursos de lojas de jardinagem, comprando ofertas em liquidações, como telas, seixos, vasos, grampos, mangueiras e treliças. Usar esses materiais para ampliar as oportunidades de criatividade em seu ambiente.

20. Lembrar que degraus e rampas podem proporcionar maneiras diferentes para as crianças desenvolverem seus músculos e controlarem os riscos. À medida que desenvolver o jardim ou pátio, pense em maneiras de alterar os níveis e superfícies para proporcionar desafios adicionais.

21. Experimentar juntos técnicas de construção, como taipa, telas de tipos diferentes, com tecidos, grampos, cordas e estacas de barraca para fazer estruturas.

Transformando a autofala negativa em autofala positiva

Os cinco cenários seguintes mostram a diferença entre a autofala negativa (-) e positiva (+). A tarefa da professora é ajudar as crianças a desenvolver a linguagem positiva que lhes possibilitará enfrentar um desafio com sucesso.

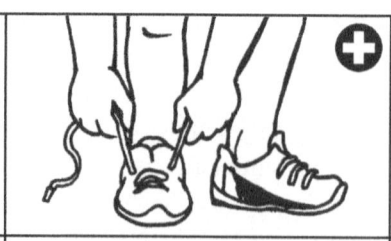

⊖ Não sei amarrar os sapatos.	⊕ Posso vestir os sapatos e puxar os cadarços.	Agora, preciso aprender a amarrar os cadarços.
⊖ Não sei ler.	⊕ Consigo reconhecer os nomes de todas as crianças do meu grupo. Consigo lembrar de algumas das páginas do meu livro preferido e, logo, vou conseguir ler sozinha –	e o meu pai diz que eu invento histórias muito boas!
⊖ Não sei andar de bicicletas sem rodinhas.	⊕ Sei andar de triciclo bem ligeiro.	Se continuar praticando, logo eu saberei andar de bicicleta sem as rodinhas.
⊖ Não consigo correr como o Gerry.	⊕ Eu consigo correr bastante sem ficar sem ar,	e sei driblar muito bem quando jogamos futebol!
⊖ Não consigo enrolar a argila.	⊕ Se eu pedir para o Jeremy me ajudar, podemos enrolar a argila muito bem.	

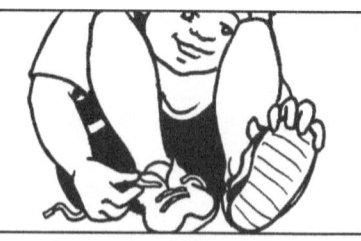

Passo 5: Lidando positivamente com o comportamento

Quando consideramos os comportamentos que queremos que as crianças tenham, o primeiro requisito deve ser que estejamos usando um currículo que satisfaça as suas necessidades sociais e intelectuais. Muitos casos de comportamento inadequado podem ser causados por demandas inadequadas impostas sobre crianças muito pequenas. Quando temos certeza de que aquilo que estamos oferecendo é adequado, devemos decidir quais são as nossas expectativas, tornando-as apropriadas para a idade e o estágio evolutivo das crianças da nossa escola. A maioria das professoras cria regras como as apresentadas a seguir. A chave para o sucesso é criar um número mínimo de regras, que sejam formuladas com palavras positivas e de um modo que as crianças possam entendê-las claramente. Uma creche tradicionalmente segue apenas duas regras simples, *Mantenha a cordialidade* e *Mantenha a segurança*. Sempre que surgir uma situação que exija intervenção de adultos, deve-se perguntar às crianças se "parece cordial e seguro". Se alguém – adulto ou criança – achar que não, deve-se buscar um consenso para deixar todos confortáveis. Muitas crianças aprendem a usar as regras para resolver disputas, dizendo umas para as outras: "isso não foi cordial" ou "isso não é seguro!"[23]

Podem-se usar diversas estratégias para lidar positivamente com o comportamento, sendo uma das mais proveitosas o sistema dos Três As, do *Agradecimento, Aprovação* e *Afirmação*. A regra dos quatro por um, segundo a qual quatro comentários positivos são feitos para cada comentário neutro, evitando-se comentários negativos, é outro sistema indicado para monitorar o controle do comportamento que é positivo.

Exemplos de boas regras para os anos iniciais:
- Ajudar a guardar os brinquedos na hora de arrumar o local.
- Pendurar seu avental depois de tirá-lo.
- Guardar os lápis de volta na prateleira ao terminar de desenhar.
- Colocar as tampas nos lápis depois de usá-los.
- Ajudar outras crianças.
- Quando o temporizador tocar, deixar que outra criança tenha sua vez de anda de bicicleta.
- Guardar os livros de volta na estante depois de ler.
- Dar a descarga e lavar as mãos quando for ao banheiro.
- Falar com a tia antes de ir para rua.
- Tocar suavemente nas outras crianças.
- Sempre olhar para a pessoa que está falando com você.
- Caminhar quando estiver na sala, em vez de correr.

Atividade: examinando suas interações com as crianças

Eis uma atividade para ajudá-lo a analisar como você divide a atenção entre as crianças na sua sala.

Sente-se, sozinho ou com colegas. Escreva os nomes de todas as crianças e faça algumas anotações sobre o que elas fizeram na semana passada. O que cada criança conseguiu fazer? O que foi difícil? No que você as ajudou? O que tomou mais do seu tempo? Existem crianças que exigem mais da sua atenção e tempo devido a necessidades individuais específicas? Esse equilíbrio é apropriado? Se não for, como você pode trabalhar com os pais, colegas e outros profissionais para garantir um equilíbrio melhor?

Então, faça as seguintes perguntas a si mesmo: o que foi fácil de recordar? Você teve que pensar muito sobre algumas crianças para lembrar exatamente o que fizeram? As palavras simplesmente voaram da sua caneta em relação a outras? Houve diferença entre os meninos e as meninas? Existe diferença entre as crianças de diferentes idades sob seus cuidados? Quem toma mais do seu tempo? Isso é sempre assim ou varia? O que você pode fazer para garantir que todas as crianças recebam uma proporção adequada de atenção?

Uma professora da classe de adaptação notou que, todos os anos, algumas crianças da sua classe, particularmente os meninos, tornavam-se perturbadores durante as aulas de música com a especialista da escola. Ao longo do ano, essas crianças aprendiam a cooperar durante as aulas, mas, no ano seguinte, a professora enfrentava a mesma situação com as crianças da nova classe. Ela falou com a especialista em música e decidiu que, em vez de tentar alterar o comportamento dessas crianças, ela observaria as sessões e tentaria entender o que causava o comportamento inadequado.

Depois de algumas sessões, ela compreendeu duas coisas. Primeiro, o conteúdo das canções e atividades era muito mais interessante para as meninas, de um modo geral, do que para a maioria dos meninos. Além disso, embora muitas atividades envolvessem movimento, poucas envolviam habilidades motoras amplas ou movimentos mais difíceis.

A professora reuniu-se com a especialista em música para discutir suas observações. Juntas, adaptaram muitas canções para as tornarem mais interessantes para os meninos desinteressados. Por exemplo, canções sobre animais da fazenda foram adaptadas para dinossauros e monstros, com grandes movimentos que envolviam cruzar a linha média do corpo, que são difíceis para crianças pequenas. No decorrer de algumas semanas, as crianças que pareciam entediadas nessas aulas estavam envolvendo-se e participando entusiasticamente.

Uma professora contou como atividades especiais para uma criança com autismo ajudaram outras crianças da sua sala a desenvolver mais consciência social:

Minha coordenadora de necessidades especiais me deu alguns livros para ler sobre Social Stories™* e sugeriu que talvez eu quisesse usar alguns dos materiais com uma criança da sala que tinha TEA (Transtorno do Espectro Autista). Logo notei que as Social Stories™ podem ser úteis para outras crianças. As histórias tratam de tarefas e situações bastante simples nas vidas de crianças pequenas, como esperar a sua vez, formar filas e assoar o nariz, e podem ser adaptadas para cada criança. Embora o foco fosse ajudar a criança com necessidades especiais, as Social Stories™ também funcionavam com outras crianças. Compreendi que muitas coisas que pedimos para elas fazerem fazem pouco sentido para elas. As Social Stories™ explicam as razões para as rotinas que seguimos e ajudam as crianças a entender seu mundo. E, como um bônus, usar as histórias foi realmente divertido![24]

---

* N. de R. T.: Social Stories™: "Histórias sociais" são narrativas sociais que fornecem a instrução direta de situações sociais para crianças com transtorno do espectro autista.

Promovendo a motivação intrínseca e aprendendo a aprender

A motivação intrínseca para aprender é uma das maiores ferramentas que uma criança pode ter. Ela a ajudará a superar dificuldades, ser persistente e enxergar o fracasso como parte do processo de aprendizagem. As crianças pequenas são automotivadas por natureza, mas podem ser facilmente influenciadas, até passarem a depender da aprovação e dos sistemas de gratificação dos adultos e perderem a motivação pessoal para aprender. O objetivo aqui deve ser minimizar a dependência da criança de motivadores extrínsecos e promover seu instinto natural para aprender com um ambiente estimulante.

Os quatro requisitos para o desenvolvimento da motivação intrínseca:

Os pesquisadores Mark Lepper e Melinda Hodell identificaram quatro requisitos essenciais para as crianças terem motivação intrínseca.[25] Esses requisitos são *desafio, curiosidade, controle* e *fantasia*.

Desafio: a tarefa para professores é criar diversas atividades que estejam suficientemente dentro da zona de conforto para fazer a criança sentir-se competente, mas suficientemente fora para desafiá-la a fazer mais. O nível de desafio deve ser suficientemente elevado, a ponto de motivá-la para cumprir a tarefa, mas não pode ser difícil demais, ou não a envolverá e pode diminuir sua automotivação.

Curiosidade: para evocar bastante curiosidade, as crianças devem fazer atividades que desafiem o seu nível atual de compreensão. Se uma atividade desafia o senso de equilíbrio da criança, ela será levada a envolver-se totalmente em aprender, para resolver a discrepância. Repetindo, o nível de desafio deve ser adequado, pois uma discrepância muito grande entre o que a criança já entende e o que é apresentado na atividade provavelmente a desencorajará de envolver-se totalmente na tarefa.

Controle: as crianças devem sentir que compartilham da apropriação do currículo e estarem livres para fazerem escolhas em sua aprendizagem, de modo a envolverem-se plenamente em aprender.

Fantasia: por meio da fantasia e da brincadeira, as crianças têm a oportunidade de explorar questões e emoções que podem aumentar a motivação intrínseca.

Os Três As

Os Três As são uma ferramenta para a professora usar para incentivar bons comportamentos e atitudes. Os Três As representam: *Agradecimento, Aprovação* e *Afirmação*. Eles formam toda uma estratégia de *feedback* que dá à criança informações específicas sobre o que ela fez e a envolve em um diálogo sobre o que pode acontecer a seguir. O *Agradecimento* diz à criança que você notou o que ela está fazendo. A *Aprovação* pode ser usada, se necessário, para dar um incentivo para continuar ou repetir o comportamento adequado. A *Afirmação* diz explicitamente que a criança tem as habilidades e capacidades necessárias para o sucesso; que esse incidente não foi um acaso e que se repetirá.

Antes de Kishan começar na escola, ele ia a uma creche. No começo, ele tinha dificuldade para se concentrar por mais de alguns momentos em uma mesma atividade. Ele saía correndo antes de descobrir o que a atividade envolvia. Um dia, uma mãe trouxe uma caixa de borboletas para que as crianças pudessem olhar o ciclo de vida das lagartas e borboletas. Dentro da caixa, algumas lagartas comiam folhas, e Kishan juntou-se à sua amiga Paula para observá-las. Porém, depois de alguns segundos, ele começou a afastar-se. Sua monitora notou e deu lentes de aumento para as duas crianças olharem a boca das lagartas. "É muito bom que você esteja olhando bem de perto, Kishan", ela disse, e perguntou: "O que você vê?". Ele pegou a lente de aumento novamente. "Hum, elas têm dentinhos!", exclamou o garoto. "Eu também estou vendo eles! É bom que você está segurando a lente de aumento bem firme", ela completou.

Kishan estava inspirado para ficar mais tempo e olhar os bichinhos mais de perto. Sua monitora então animou as duas crianças, dizendo para usarem os livros que ela tinha colocado ao redor. Kishan e Paula leram um dos livros e decidiram fazer desenhos de lagartas. Quando ela voltou para ver o que Kishan tinha pintado, sua monitora fez o seguinte comentário: "Kishan é muito observador. Ele nota os detalhes quando olha os bichinhos com cuidado".

Uma professora contou a história de uma mãe que conversou com ela antes do dia de esportes divertidos da educação infantil:

Ela me disse que estava preocupada por Karin participar e estava pensando em não levá-la à escola no dia de esportes divertidos. Karin é uma menininha muito entusiasmada e confiante, e realmente gostou da nossa prática para a corrida de fantasias. Foi ainda pior pelo fato de que a mãe dela falou comigo na sua frente.

Perguntei por que ela achava que teria problema, pensando que Karin pudesse ter uma consulta no dentista ou algo assim. Mas a resposta da mãe foi: "Ah, as garotas da nossa família não são boas em esportes. Ela vai chegar por último e chorar". Expliquei a ela que, primeiro, a corrida era um jogo de equipe e que não estávamos enfatizando ganhar ou perder, e que todas as crianças ganhariam medalhas por participarem. Falei que, de fato, nem seria uma competição – era apenas uma atividade divertida.

A ironia foi que, embora Karin não tivesse as melhores habilidades físicas, ela não estava nem um pouco preocupada com o dia dos esportes até a sua mãe falar comigo. O triste é que, se a mãe continuar com essa conversa negativa, Karin provavelmente vai crescer achando que é "ruim" em esportes, exatamente como prevê a sua mãe.

A professora certificou-se de fazer muitos comentários positivos sobre a capacidade de Karin na corrida de fantasias nos dias seguintes, para que algum dano causado pela descrição da mãe sobre as fraquezas da família nos esportes se anulasse na mente da criança. Ela também buscou incentivar todas as garotas a participarem com mais frequência das atividades físicas, e enfatizou as suas realizações por meio de afirmações frequentes. "Olhe aquelas meninas escalando", comentou quando Karin e sua amiga chegaram no topo do trepa-trepa: "Karin e Bethany estão escalando muito bem!". Ela continuou a tratar da necessidade de Karin melhorar suas habilidades físicas, mas o fez enquanto afirmava as capacidades da menina. Gradualmente, Karin tornou-se mais confiante nas atividades físicas, e suas habilidades melhoraram rapidamente.

A linguagem do agradecimento:
- Gosto do modo como Johaness...
- Obrigado, Chen, por...
- Fico tão feliz com o modo como Kimberley...
- Foi muito atenciosa a maneira como o Grupo Vermelho...
- James, notei que você...
- Acho que todos devíamos agradecer a Brian por...
- Olhem o jeito que o grupo do Sam está...
- Todos notamos como o Grupo Azul estava silencioso enquanto...
- Amina e Jake me falaram como você os ajudou quando...
- O pai do John me disse que vocês...
- Ouvi que Bruce fez...
- Quando estávamos limpando, eu vi que...

A seguir, 10 maneiras de demonstrar aprovação:
1. Faça um sinal de "legal" com o polegar do outro lado da sala.
2. Dê um abraço com um comentário sobre como está orgulhosa.
3. Aperte a mão da criança.
4. Estabeleça um firme contato visual com um sorriso.
5. Conte a outra professora o que viu a criança fazer.
6. Mencione o feito na sessão plenária.
7. Conte à mãe da criança sobre o feito dela ao final da aula.
8. Dê um tapinha nas costas.
9. Desenhe uma carinha sorrindo na mão da criança.
10. Escreva o nome da criança no quadro branco, para lembrar de dizer à mãe dela.

A seguir, 25 afirmações simples:
1. Todos sabemos encontrar nossos casacos.
2. Sabemos cuidar dos livros e brinquedos.
3. Escutamos em silêncio na hora da história.
4. Olhamos para Sandra quando ela fala.
5. Servimos nossa água com muito cuidado.
6. Fazemos fila em silêncio.
7. Juntamos os brinquedos depois de terminar de usar.
8. Colocamos a tampa nas canetas.
9. Caminhamos na fila em silêncio.

10. Colocamos os pratos do lanche na lavadora.
11. Nos alternamos com as bicicletas.
12. Olhamos para a frente nas reuniões.
13. Passamos a bandeja com o lanche ao redor da roda com cuidado.
14. Fazemos carinho com cuidado nos coelhinhos.
15. Ajudamos nossos amigos quando eles caem.
16. Mantemos as mãos paradas quando sentamos no tapete.
17. Lavamos as mãos depois de usar o banheiro.
18. Viramos as páginas dos livros com muito cuidado.
19. Escovamos os dentes depois das refeições.
20. Olhamos para as pessoas quando estão falando.
21. Limpamos os pés no capacho antes de entrar.
22. Damos as mãos ao atravessar a rua.
23. Usamos a tesoura com cuidado.
24. Usamos um lenço de papel para assoar o nariz.
25. Colocamos os dois pés do sapato juntos quando os tiramos.

A afirmação: nós afagamos os coelhos muito gentilmente.

Passo 6: **Promovendo parcerias com pais e cuidadores**

Os relacionamentos bem-sucedidos tornam-se parcerias quando existe comunicação bidirecional, e os pais e professores realmente escutam uns aos outros e valorizam os pontos de vista e o apoio uns dos outros para chegar aos melhores resultados para cada criança.

EYFS – Prática Efetiva: Pais como Parceiros[26]

Trabalhando em parceria com pais e cuidadores

Quanto mais forte a parceria entre pais, cuidadores e professores, mais efetiva será a educação. É importante criar sistemas fortes, formais e informais, para a comunicação. Independentemente das dificuldades ou pressões do dia que temos pela frente, deve haver uma pessoa compreensiva para receber os pais e seus filhos no começo de cada aula e, se possível, despedir-se pessoalmente deles quando vão para casa, ao final do dia. Também é importante dar oportunidades regulares para os pais discutirem o progresso dos seus filhos. As crianças que sabem que os pais e professores estão trabalhando juntos como uma equipe podem sentir-se tranquilas, confiantes e seguras no ambiente de aprendizagem. Elas têm maior probabilidade de desenvolver uma postura "positiva", desenvolver autoestima e atingir todo o seu potencial.

A mãe de George estava muito preocupada que as pessoas rissem quando ele começou a usar óculos. Ela veio falar com a monitora dele, que ouviu suas preocupações e respondeu:

Entendo que George pode sentir-se nervoso por ter que usar óculos – ele não gosta mesmo de mudanças, né? Mas não se preocupe, temos a solução. Nosso fantoche de mágico tem uns óculos exatamente para essas ocasiões. Ele lembrará as crianças da razão de certas pessoas usarem óculos e falará de pessoas famosas que usam óculos, como Harry Potter! Também temos livros em nossa coleção especial sobre crianças que usam óculos. Você não quer pegar um?

A mãe de George sentiu-se imediatamente amparada. A professora havia levado a sua preocupação a sério. Ela entendia a razão para a preocupação, especialmente porque George não gostava de ter que lidar com mudanças. A relação entre a professora e a mãe de George foi fortalecida com essa interação.

Em uma escola, um grupo de pais fez um paisagismo em uma parte do pátio, inclusive com um jardim. Grupos de voluntários trabalharam nele, pedindo a ajuda das crianças quando era seguro e indicado. Uma mãe foi a ferragens e lojas de material para jardinagem para pedir doações de materiais e plantas, enquanto outra ficou encarregada de preparar refrescos – juntamente com um grupo de crianças, que adorou carregar as bandejas com bebidas refrescantes para os que trabalhavam. O resultado foi mais que uma nova e linda área para brincar e um bonito jardim, mas a construção de relacionamentos positivos e do moral na comunidade.

A seguir, 12 maneiras de comunicar-se com os pais e cuidadores:

1. Pedir para um grupo de pais ajudar a manter o quadro de avisos.
2. Deixar as crianças ajudarem a fazer e pendurar notícias no quadro de avisos.
3. Criar panfletos sobre atividades e eventos para enviar por *e-mail.*
4. Criar panfletos com imagens na frente, ou recortar na forma de animais ou brinquedos.
5. Fazer boletins baseados nas imagens, com um balão de informações em cada parte da imagem, como mostrado a seguir.

Para uma versão em tamanho natural, ver o final do livro.

6. Pedir para um grupo de pais ajudar a escrever os boletins – eles saberão como garantir que suas mensagens sejam lidas.
7. Pedir para as crianças pintarem o fundo para pôsteres em grandes folhas de papel. Depois, usar tinta preta ou um pincel atômico para escrever mensagens por cima.
8. Usar fotografias, gravações de vídeo ou áudio das crianças – tocar as gravações junto ao quadro de avisos na hora de ir para casa.
9. Fazer um expositor com um cavalete ou quadro. Colocá-lo junto à porta ou no saguão e mudar os pôsteres regularmente.
10. Anunciar as atividades diárias, como culinária, passeios, eventos especiais e visitantes, em um quadro branco ou de cortiça junto à porta.
11. Usar o mesmo quadro ao final da sessão para lembretes e listas de tarefas para o dia seguinte.
12. Manter uma lista de telefones e *e-mails* para os pais que não costumam vir à escola para largar ou buscar os filhos.

Atividade: avaliando o quanto seu ambiente é receptivo para visitantes

Procure um voluntário para visitar a escola e responder as perguntas a seguir. De maneira alternativa, crie sua própria lista de perguntas adequadas ao seu ambiente. Uma lista menor e simplificada, como a apresentada aqui, pode ser usada para pais novos darem a sua opinião.

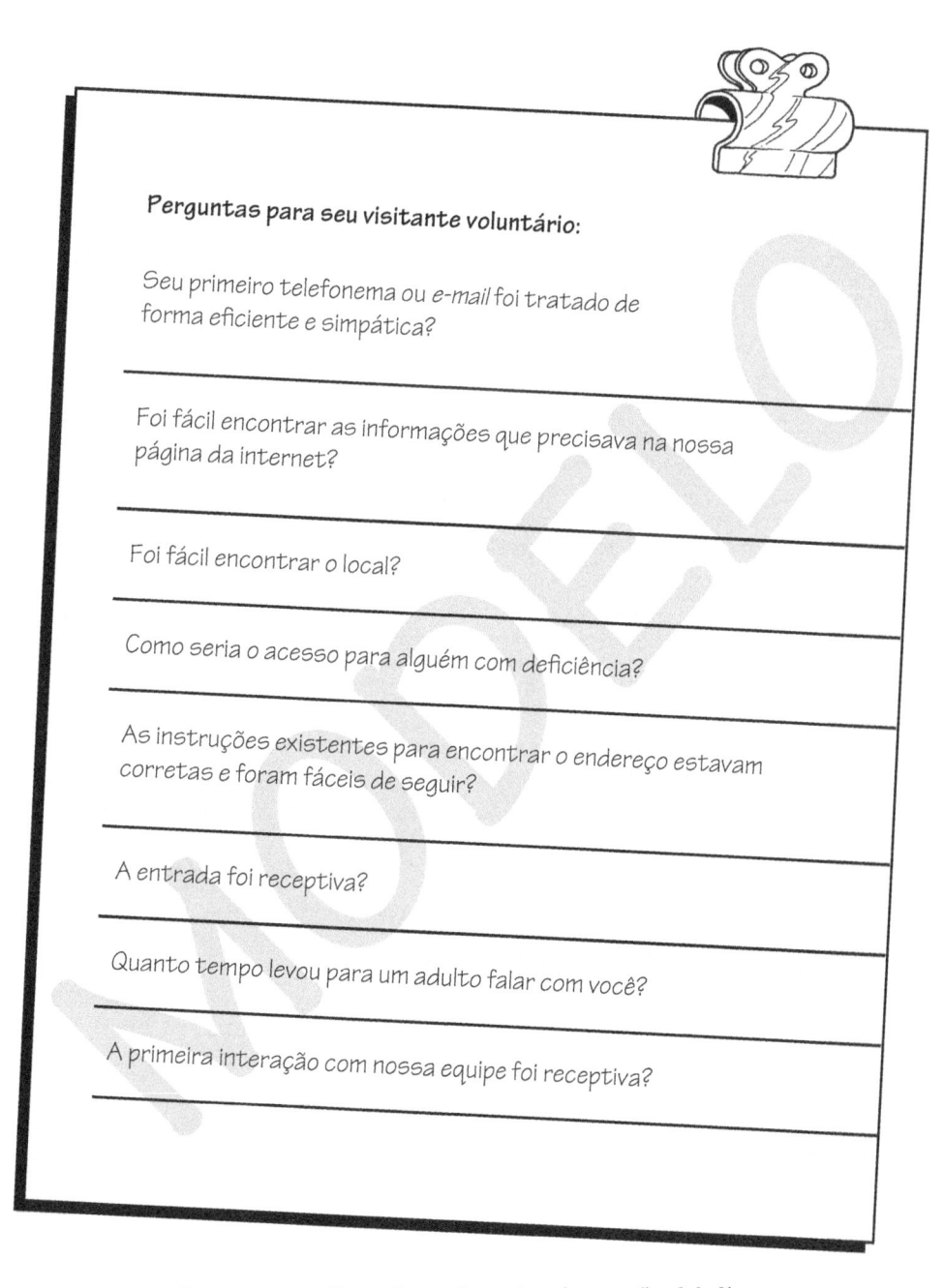

> **Perguntas para seu visitante voluntário:**
>
> Seu primeiro telefonema ou *e-mail* foi tratado de forma eficiente e simpática?
> _____
>
> Foi fácil encontrar as informações que precisava na nossa página da internet?
> _____
>
> Foi fácil encontrar o local?
> _____
>
> Como seria o acesso para alguém com deficiência?
> _____
>
> As instruções existentes para encontrar o endereço estavam corretas e foram fáceis de seguir?
> _____
>
> A entrada foi receptiva?
> _____
>
> Quanto tempo levou para um adulto falar com você?
> _____
>
> A primeira interação com nossa equipe foi receptiva?
> _____

Para uma versão em tamanho natural, ver o final do livro.

A seguir, 15 temas para oficinas com os pais:

1. Habilidades iniciais em alfabetização.
2. Ajudar as crianças a aprender a ler.
3. Primeiros traços e escrita.
4. Alimentação saudável e nutrição.
5. Autonomia e independência.
6. Aprender matemática brincando.
7. Brincadeiras em casa.
8. Lidar com comportamento difícil.
9. O que fazer nas férias.
10. Escolher e comprar brinquedos.
11. Fazer brinquedos com materiais reciclados.
12. Cozinhar com seu filho.
13. Passeios e visitas locais.
14. A importância de brincar ao ar livre.
15. Como avaliar o progresso das crianças.

A seguir, 36 maneiras de envolver os pais em seu ambiente:

1. Pintar móveis para dar "novos ares".
2. Pintar padrões, linhas, figuras ou jogos no pátio ou calçada.
3. Cortar tábuas para fazer pranchetas para usar no jardim.
4. Plantar sementes, bulbos, pendurar cestas e vasos.
5. Acompanhar as crianças em caminhadas e passeios.
6. Procurar objetos de interesse em lojas e mercados locais.
7. Fazer caminhos de pedras com concreto para o jardim, usando caixas de pizza como moldes.
8. Pintar partes de paredes ou quadros com tinta preta para usar com giz.
9. Sentar com as crianças enquanto trabalham no computador.
10. Coletar ou fazer sacos e caixas para guardar brinquedos ou fantoches.
11. Fazer sacos e coletar objetos para histórias.
12. Contribuir com fotos, artefatos, mapas, materiais culturais e roupas para conhecer e entender o mundo.
13. Montar equipamentos e aparelhos novos.
14. Coletar catálogos e propagandas para trabalho com línguas e matemática.
15. Fazer rótulos para caixas de equipamentos com *clip art*, catálogos ou fotografias.
16. Ouvir as crianças lerem ou contarem histórias no canto dos livros.
17. Trazer fotos de si mesmo trabalhando, em casa ou em seus passatempos, e conversar com as crianças.
18. Enviar cartões postais de férias e viagens e trazer folhetos, bilhetes de bagagem e passagens.

Pais trabalham com crianças no jardim.

19. Trazer plantas e mudas do seu jardim.
20. Participar da "Semana dos botões", "Semana dos potes" ou "Semana dos tubos de papelão" para coletar materiais reciclados para trabalhos com tecnologia.
21. Organizar um sistema para reciclagem de papel, vidro, plástico e metais com as crianças.
22. Participar de um evento de caridade, como coletar selos usados ou por uma questão comunitária.
23. Instalar ripas de madeira nas paredes e cercas externas para poder prender folhas e papel para pintar ou tecido para abrigos.
24. Fazer livros para as histórias das crianças.
25. Procurar classificados de segunda mão em jornais ou na internet para obter brinquedos e materiais de construção.
26. Testar novos locais para passeios, fazer mapas, identificar banheiros e locais para piquenique e obter outras informações a respeito.
27. Encontrar ofertas especiais, barganhas e descontos para coisas que precisa comprar.
28. Criar uma "loja de material de artesanato" para outros pais, fazendo pacotes de ofertas com materiais como bisnagas de cola, sobras de papel e pequenos potes de cola em potes de filme.
29. Cozinhar as receitas preferidas com ou para as crianças.
30. Compartilhar comidas, frutas e bebidas diferentes.
31. Organizar piqueniques em que as crianças preparem suas próprias refeições.
32. Gravar canções e histórias em outras vozes e outras línguas.

Pais ajudam com a reciclagem.

33. Traduzir livros para outras línguas e ler para as crianças.
34. Desenhar estradas e trilhos de trem no pátio e supervisionar as crianças em bicicletas e carrinhos.
35. Ajudar as crianças a construir um grande "acampamento" com lençóis, cobertores, tapetes, cordas e blocos.
36. Montar e organizar bibliotecas e brinquedotecas.

Outras formas de atuação das escolas e creches

' *São os pais que criam as crianças, e não o governo, mas os pais precisam de ajuda e apoio para fazerem o seu trabalho.* '

The Children's Plan – One Year On
(Plano das Crianças – Um Ano Depois – Reino Unido)[27]

Enquanto o mundo mudava radicalmente nas últimas décadas, houve um aumento no envolvimento de instituições e pessoas de fora da família na criação das crianças. O papel das escolas e outras entidades encarregadas do cuidado de crianças nos primeiros anos mudou com as mudanças nas expectativas da sociedade, com maior cooperação entre agências diferentes que buscam satisfazer as necessidades de famílias que enfrentam desafios muito diferentes das gerações anteriores. A *Fair Funding Formula** significará que muito mais crianças passarão seus anos pré-escolares em outros locais além das escolas.[28] Hoje, temos uma sociedade na Grã-Bretanha em que quase todos os pais acreditam que seus filhos devem desfrutar do direito à educação nos primeiros anos de vida, por medo de "ficarem para trás". Há apenas 20 anos, acreditava-se que muitas crianças estariam muito bem se ficassem em casa, com muitas oportunidades para aprender e socializar no café da manhã, brincando na casa de amigos e passeando na praça.

Embora se aceite atualmente no Reino Unido que o nível atual de atenção para crianças de 3 e 4 anos possa ser adequado, a tendência de crianças menores passarem cada vez mais tempo em creches e crianças em idade escolar passarem cada vez mais tempo na escola tem levado alguns especialistas, como Sue Palmer e Steve Biddulph, a fazerem críticas a essa tendência. Embora reconheçam que existem muito mais famílias que precisam desses níveis de atenção e muitas crianças que prosperam nesses ambientes, os especialistas observam que muitos pais fazem essa escolha por não terem nenhuma alternativa viável.

Os professores têm uma responsabilidade enorme de garantir que se estabeleçam conexões mais fortes com os lares das crianças do que era comum quando elas passavam apenas algumas horas por semana sob seus cuidados. A base para essa relação deveria ser a abordagem da monitora, que atualmente é um requisito legal nas escolas e creches do Reino Unido.[29] É preciso mais do que a monitora supervisionar o cuidado cotidiano da criança, mas um comprometimento total de construir uma relação forte com o lar e criar um triângulo social entre a criança, ela e os pais. Existem muitas maneiras de fazer isso e, para ser verdadeiramente bem-sucedida, a abordagem da monitora exige comprometimento, energia, criatividade e muito trabalho. Os benefícios para a criança, como resultado disso, são imensuráveis.

Uma monitora desempenha um papel vital de apoio.

---

* N. de R.: "Fórmula de Financiamento Justo", é um método de divisão da verba disponível entre as escolas por meio de regras e critérios acordados, que serão aplicados a fatores objetivos e relevantes. A verba para cada escola deve ser determinada antes do ano fiscal a que ela se aplica.

Todas as escolas, atualmente, estão analisando sua abordagem do papel da monitora. A equipe de uma grande creche diurna fez uma longa discussão sobre a diferença entre sua descrição anterior, a "professora auxiliar", que era responsável pela papelada e os sistemas, e a nova "monitora", descrita no Guia como tendo *"responsabilidades especiais por trabalhar com um número pequeno de crianças, dando-lhes as garantias necessárias para sentirem-se seguras e cuidadas e construindo relacionamentos com seus pais"*.

Essas discussões levaram a uma revisão total de seus procedimentos para envolver os pais, e um sistema de apoio em que os encarregados dos turnos compartilhavam o papel da monitora, garantindo que sempre haja alguém que tenha um conhecimento íntimo de cada bebê e criança. Isso envolve um sistema de comunicação construído cuidadosamente, de modo que informações importantes dos pais, ou sobre crianças individuais, não se percam nas trocas de turno.

Os pais envolveram-se em discutir o tipo de apoio que necessitam e como seus filhos podem continuar a ser indivíduos dentro de um ambiente grande e complexo.

A seguir, 12 maneiras para monitoras criarem conexões fortes com os lares das crianças:

- Visitar a casa das crianças antes delas começarem na escola e, se indicado, criar uma agenda de visitas informais.
- Criar uma galeria em uma página da internet para visualização de fotografias e carregar fotos das crianças regularmente. Compartilhar informações sobre atividades cotidianas e realizações das crianças pelo *e-mail* pessoal ou pelos grupos de redes sociais.
- Usar porta-retratos digitais para mostrar fotos das crianças envolvidas em atividades na escola e convidar os pais para contribuírem com fotografias de suas casas.
- Pedir para os pais fazerem uma lista de datas importantes de suas famílias e ajudar as crianças a fazerem cartões ou pequenos presentes para os aniversários dos familiares e para outras ocasiões especiais.
- Esforçar-se para aprender e lembrar do nome de cada familiar e detalhes sobre eles, como seus interesses e passatempos. Informar-se sobre a família ampliada e amigos, e conversar com as crianças sobre essas pessoas importantes para elas.
- Perguntar aos pais, toda sexta-feira, sobre os planos para o fim de semana, e lembrar de conversar com as crianças na segunda-feira sobre o que fizeram no fim de semana.
- Estimular as crianças a trazerem fotografias de suas atividades, família e amigos. Fazer livros sobre cada criança e compartilhar os livros regularmente na hora da história.
- Fazer videoclipes de crianças fazendo atividades na escola e compartilhar com os pais pela internet, pelo telefone celular ou em um CD.
- Tirar fotografias das crianças envolvidas em atividades e imprimir ou mostrar no computador, para que os pais enxerguem o processo, e não apenas o produto, do esforço das crianças.
- Convidar os pais para virem à escola e tomar um café ou chá com biscoitos caseiros no final do dia.
- Refletir sobre quais pais podem sentir-se menos envolvidos, e pensar em maneiras de incluí-los. Por exemplo, fazer uma manhã dos "Pais e filhos" para plantar bulbos, cavar no jardim ou pintar um galpão.

Sempre verificar com os pais antes de compartilhar fotografias ou gravações de seus filhos, particularmente por meio de fontes eletrônicas como páginas da internet ou correio eletrônico.

Parte Dois

Promovendo o desenvolvimento independente

Passo 1: Fazendo o maior uso possível do ambiente

A organização do ambiente de aprendizagem

> *O ambiente é um sistema vivo e mutável. Mais do que um espaço físico, ele indica a maneira como o tempo está estruturado e os papéis que são esperados de nós. Ele condiciona o modo como nos sentimos, pensamos e agimos e afeta radicalmente a qualidade de nossas vidas.*
>
> Jim Greenman[30]

Cada professora deve trabalhar dentro dos parâmetros do seu ambiente, e alguns locais são mais adequados para a aprendizagem independente do que outros. Todavia, existem muitas coisas que a professora pode fazer para otimizar a aprendizagem das crianças sob seus cuidados, e a boa organização é a chave. Pequenas diferenças na organização podem fazer uma grande diferença no comportamento, podendo influenciar o padrão e a qualidade da aprendizagem que ocorre.

Jill é cuidadora de crianças, e está preparando-se para o dia de trabalho. Ela mora no andar térreo de um prédio alto. Ela cuida de três crianças – Bruce e Martin, de 3 anos, e Zena, de 4. Todas as manhãs, Jill passa por volta de 30 minutos arrumando o apartamento para as crianças, antes de começarem a chegar, às 8:30. Primeiro, ela encosta a mesa de centro na parede, pega uma caixa cheia de carrinhos e máquinas de construção de brinquedo e um pequeno grupo de bonecos. Depois, ela cobre a mesa com um pedaço redondo de feltro grosso, para que os tijolos, carros e outros brinquedos não danifiquem o vidro. A mesa da cozinha também é protegida com uma toalha plástica para atividades de pintura, massinha, colagem e culinária.

Atrás do sofá, há uma área de leitura, com almofadas confortáveis e uma prateleira de livros variados, junto a uma área de teatro, formada por três lados de uma grande caixa de papelão, pintada com tinta branca e completa, com uma porta e janelas recortadas dos lados. Fantasias, almofadas, um telefone de brinquedo e um conjunto de chá completam a casa. Para estimular a independência, sempre há um pouco de massa de modelar guardada em um saco plástico no refrigerador; lápis, giz de cera e papel ficam na gaveta de baixo da cozinha; os livros ficam na prateleira de baixo da sala e brinquedos de água e areia, redes, pipas e botas de borracha são guardados no armário da entrada, prontos para expedições ao pátio ou ao parque. As crianças podem pegar o que quiserem, e sabem como guardar tudo.

Hoje, Jill planeja levar as crianças para a área de serviço, para lavar algumas bonecas e roupas de bonecas que comprou de uma loja de coisas usadas, preparando uma bacia para lavar, um varal e o saco de prendedores. Ela está sempre pensando em novas ideias para atividades que estimulem o interesse das crianças e as ajudem a desenvolver habilidades e a tornar-se mais independentes. Ela acredita que as crianças que cuida devem ser estimuladas a serem o mais independentes possível, e encontra-se regularmente com outras cuidadoras para discutir o trabalho e melhoras que pode fazer na experiência das crianças – mas sem transformar a sua casa em uma escola.

Uma das atividades preferidas de Samantha é fabricar livros. A classe de adaptação tem uma área designada especificamente para essa atividade. As crianças têm acesso livre a papel, papelão e materiais para escrever. A professora sempre procura novas ideias e materiais. Por exemplo, recentemente, ela encontrou alguns lápis gigantes em uma loja, que algumas crianças gostam de usar para fazer letras gigantes. Samantha gosta de usá-los para escrever letras mais bonitas, o que sempre é um desafio.

As prateleiras são preenchidas com livros de palavras e dicionários infantis, para as crianças conferirem a ortografia, e cartões que mostram palavras básicas junto com imagens que as crianças podem copiar. Para prender as páginas, existem furadores, grampeadores, etiquetas e fitas. De maneira alternativa, alguns preferem pedir a um adulto para ajudá-los a usar o fichário. Os livros concluídos ficam à disposição no canto dos livros, onde podem ser lidos, até que as crianças os levem para casa.

Na creche, as professoras prepararam uma área do pátio usando todos os tipos imagináveis de potes para criar um canteiro colorido de frutas, flores e legumes, que as crianças ajudam a cuidar. Os pais pintaram pias velhas, potes plásticos, regadores, cestas e baldes, enchendo-os com material de compostagem para as crianças plantarem sementes. As plantas foram rotuladas com figuras e informações sobre sua origem e modo de cultivo; ferramentas seguras para crianças usarem foram colocadas em prateleiras na altura das crianças; regadores ficam prontos para uso junto às torneiras do jardim; dentro da escola, painéis mostram o que está sendo cultivado, juntamente com livros sobre jardinagem. A produção das crianças era usada na culinária, e todas tinham a chance de experimentar os resultados do seu trabalho. Desse modo, um ambiente externo foi colocado em bom uso.

A seguir, 25 qualidades de ambientes que promovem a aprendizagem independente:

1. Gavetas, armários e prateleiras são rotulados de forma clara em imagens e palavras.
2. As áreas são claramente demarcadas para diferentes tipos de atividades.
3. Existem potes suficientes para todo o material.
4. Existe espaço para as crianças se movimentarem livremente.
5. Existe uma área aconchegante para compartilhar livros e histórias, onde os livros ficam à disposição de maneira imaginativa e podem ser facilmente selecionados.
6. Existe uma área com espaço adequado para atividades com toda a classe ou o grupo, como a hora da história ou mapeamento mental 3D.
7. Equipamentos e materiais são armazenados ao alcance das crianças para que possam trabalhar de forma independente.
8. A linguagem usada pelos adultos é de apoio e pressupõe que as crianças terão bom comportamento, voltado para a aprendizagem.
9. Os materiais são organizados em expositores de forma atraente e interessante, convidando à interação.
10. Existem áreas individuais para as crianças guardarem seus pertences.
11. Existem superfícies onde as crianças podem deixar seus modelos ou trabalhos em andamento.
12. A mobília é adequada ao tamanho e número de crianças no grupo.
13. Existe uma área bem equipada para escrever e desenhar.
14. Existe acesso fácil e livre ao ambiente externo.

Áreas organizadas para os pertences das crianças.

15. Os expositores nas paredes ficam na altura das crianças.
16. As crianças são estimuladas a contribuir para os expositores.
17. Os pais são bem-vindos para visitas formais e informais.
18. Um ponto de audição e CDs são disponibilizados para as crianças ouvirem histórias.
19. Não existe excesso de material nas prateleiras – não é fácil pegar a caixa de baixo de uma pilha de seis!
20. As crianças são envolvidas em discussões de como e onde as coisas são guardadas
21. As roupas de proteção e fantasias têm ganchos e laços para ajudar a pendurar.
22. As crianças podem escolher como e onde trabalham, se de pé ou sentadas, no chão ou em uma mesa, ou dentro da sala ou na rua.
23. As áreas de higiene, como o banheiro e as pias, têm fácil acesso, e as crianças não precisam pedir ajuda para um adulto antes de usá-las.
24. As crianças são incentivadas a pegar as coisas que precisam para seus projetos e brincadeiras.
25. As crianças são incentivadas a fazer perguntas, pensar e falar sobre o que estão fazendo e pedir materiais necessários.

Proporcionando uma superfície para modelos por concluir.

Os professores que usam técnicas de aprendizagem baseadas no cérebro observam que um dos resultados é um aumento na confiança e na capacidade das crianças de trabalharem de forma independente. A lista seguinte dá sugestões de alguns materiais básicos que podem ser usados para implementar técnicas baseadas no cérebro em qualquer ambiente.

Materiais úteis baseados no cérebro

Alguns destes materiais são mais adequados para uso com crianças maiores e mais maduras.

Uma cópia do círculo de aprendizagem baseado no cérebro.

Um painel na altura dos olhos da criança para colocar na lista de afazeres.

Um painel para as crianças exporem suas figuras, escritos ou avisos.

Um pôster com um semáforo para verificar a compreensão.

Um quadro branco ou quadro de avisos para apresentar trabalhos.

Um tocador de MP3 ou CD, com CDs diversos.

Instrumentos musicais simples ou materiais que façam sons.

Uma grande quantidade de fita adesiva para colar pôsteres, frases e mapas mentais.

Conjuntos de lápis ou giz colorido para as sessões de ideias.

Pedaços de papelão e papel de cores e tamanhos variados para mapas mentais.

Conjunto de pôsteres com frases afirmativas.

Fantoches variados.

- Uma câmera digital para registrar eventos e sucessos.

- Um "decibelímetro" para mostrar às crianças as suas expectativas para o nível de ruído.

- Adereços para atividades da hora da roda, como chapéus e brinquedos de pelúcia.

- Varinhas mágicas e tipos diferentes de indicadores para exercícios do programa de desenvolvimento cognitivo Brain Gym®.

- Cartões com dicas para os professores usarem ao coordenar exercícios de Brain Gym®.

- Uma lista ou "menu" de ideias para descansar o cérebro.

- Fitas e pinos coloridos para pendurar pôsteres, gravuras ou mapas mentais.

- Pôsteres com as regras para "sentar bem" e "ouvir bem".

- Uma lista de canções e rimas relacionadas com o movimento para usar para descansar o cérebro.

- Um paraquedas e livro de jogos relacionados.

- Adesivos para fazer crachás afirmativos.

Atividade: melhorando o ambiente

Dedique um tempo para avaliar a organização do seu ambiente de trabalho, sendo idealista quanto ao que gostaria de alcançar. Avalie uma área de cada vez: por exemplo, o canto da casa, a área dos grandes tijolos ou a área de artes. Em uma folha de papel, liste todos os materiais desejáveis para a área e, juntamente com isso, faça anotações sobre como gostaria de trabalhar para alcançar seu ideal. Talvez você consiga obter alguns materiais de graça ou a pouco custo se compartilhar seu plano com os pais e a comunidade. Não importa que as melhoras não possam ser feitas todas de uma vez só, pois você pode implementar o plano à medida que surjam novas ideias e recursos financeiros.

Por exemplo, veja as notas de uma professora sobre as melhoras que gostaria de fazer no seu canto da casa:

Tapete colorido – preciso de um novo! Pedir amostras de tapetes em lojas?	☐
Pintar a mesa e as cadeiras – festa de trabalho com os pais	☐
Novas camas de bonecas – feitas com caixas de madeira de vinho, pedir para a sra. G tricotar cobertores	☐
Preciso de roupas para os novos bonecos – desmanchar as velhas para fazer novos modelos; mandar bilhete pedindo tecidos e voluntários da Assossiação de Pais e Mestres (APM) para costurar.	☐
Limpar e reorganizar caixas para frutas de brinquedo, talheres, etc. – preciso de caixas transparentes –, colocar na lista de desejos da APM	☐
Fantasias e local para guardar com facilidade	☐
Mantas e pedaços de tecido – recado no quadro dos pais	☐
Caixa de chapéus – recado no quadro dos pais	☐
Precisamos de material para culinária multicultural – colocar na lista de desejos da APM	☐
Precisamos de um telefone sem fio, rádio, etc. – recado no quadro dos pais	☐
Depois.... encontros regulares com as crianças para demonstrar como organizar!	☐
Devo lembrar de fazer uma aula com o grupo para apresentar o novo foco para esta área. Eles parecem precisar de ajuda para saber exatamente o que fazer e como agir. Talvez eu deva planejar passar mais tempo lá quando o foco é novo.	☐

Um ambiente bem organizado estimula as crianças a trabalharem de maneira independente. Quando as crianças podem cuidar da maior parte das suas necessidades, não se desperdiça tempo esperando assistência adulta. As crianças podem ser criativas, por exemplo, combinando materiais incomuns em suas brincadeiras. Ao proporcionar um ambiente organizado e ensinar as crianças a usar os materiais, promove-se a aprendizagem independente.

As crianças devem ser capazes de selecionar materiais de forma independente.

A seguir, 20 maneiras de organizar o ambiente para promover a independência:

1. Rotular caixas ou gavetas com gravuras ou fotografias do conteúdo.
2. Usar potes plásticos transparentes para armazenar materiais.
3. Organizar o galpão do jardim para proporcionar acesso fácil aos equipamentos.
4. Fornecer equipamentos que sejam bastante flexíveis, para que possam ser usados de várias maneiras.
5. Disponibilizar pranchetas e pequenos quadros brancos para as crianças que quiserem registrar suas brincadeiras.
6. Certificar-se de que os aventais e fantasias tenham fechos simples.
7. Instalar um espelho baixo nos banheiros, para as crianças conferirem sua aparência.
8. Fornecer bancos junto às pias, para as crianças lavarem as mãos e os potes de tinta.
9. Organizar os materiais de escrita e fabricação de livros para que as crianças possam acessá-los livremente.
10. Cobrir prateleiras com papel e desenhar o contorno dos potes e vidros que devem ser colocados no lugar.
11. Ensinar às crianças como pendurar suas pinturas no *rack* de secagem.
12. Fornecer uma prateleira ou mesa para trabalhos por terminar.
13. Pedir para os pais ajudarem seus filhos a vestirem e tirarem seus casacos independentemente no começo e no fim do dia.
14. Usar caixas de plástico transparentes para guardar materiais, para que fiquem visíveis.
15. Verificar as tesouras e outras ferramentas regularmente, para garantir que estão fazendo o trabalho pretendido.
16. Guardar os brinquedos do pátio de maneira que as crianças possam pegá-los sem pedir ajuda.
17. Fornecer uma variedade de materiais às crianças, como lápis, canetas, canetinhas, giz de cera, pincéis e marca-texto, de tamanho e espessura variados, para que possam escolher os que precisam para o trabalho que planejam fazer.
18. Fornecer cestas, sacos e carrinhos para levar o equipamento para o pátio com facilidade.
19. Observar como as crianças usam as prateleiras de livros e outras áreas de armazenamento e corrigir as dificuldades que possam ter.
20. Lembrar aos pais de pensarem sobre a questão da independência quando comprarem roupas e sapatos para seus filhos.

Forneça bancos para as pias.

Expositores

Os expositores têm várias finalidades nos primeiros anos, sendo uma delas a de mostrar o trabalho que as crianças fizeram e a outra, a de promover o sentimento de pertencimento e realização. Além disso, os expositores também informam, ensinam e desafiam as crianças a pensar. Eles devem ser interativos e devem promover a aprendizagem.

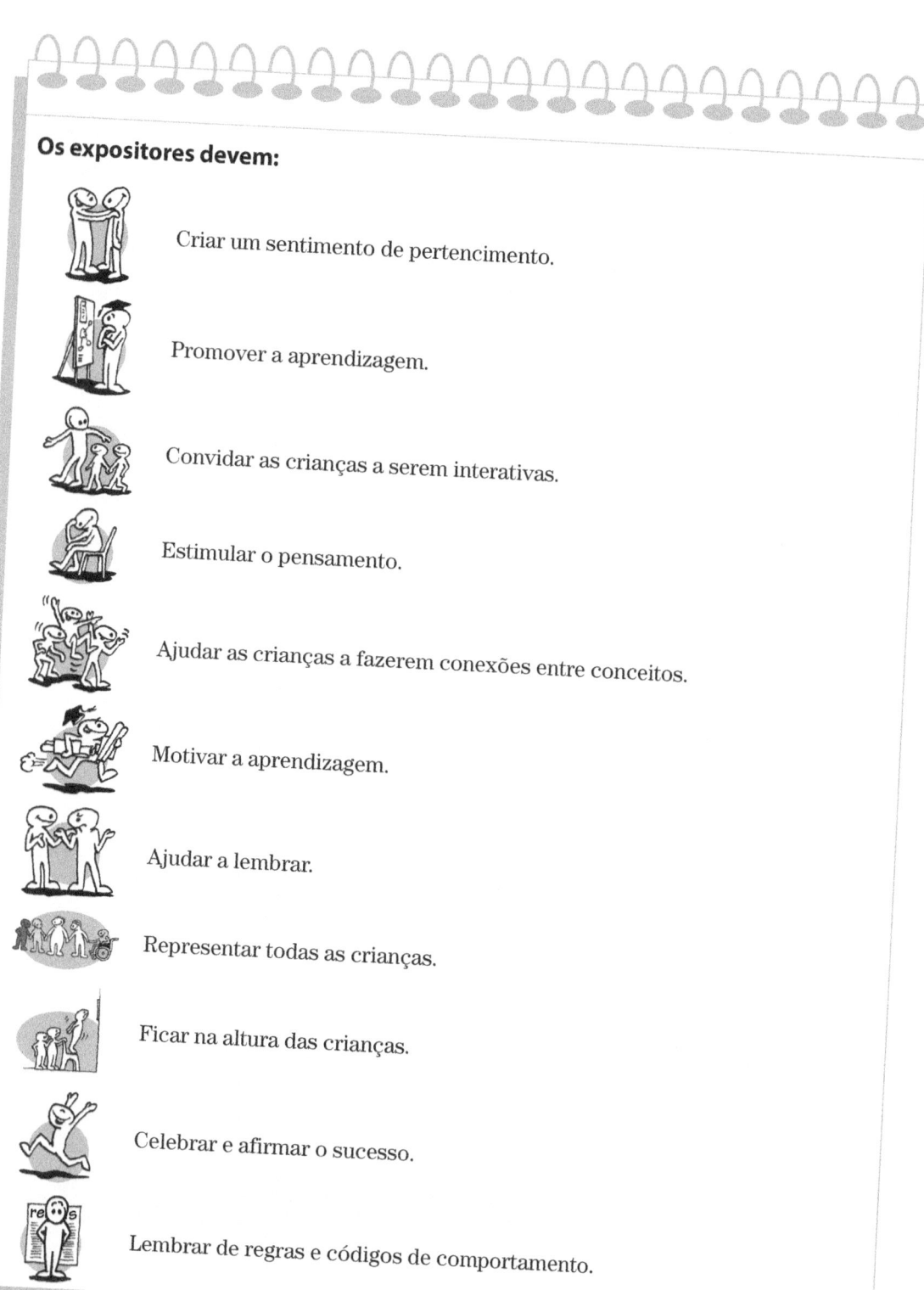

Os expositores devem:

- Criar um sentimento de pertencimento.
- Promover a aprendizagem.
- Convidar as crianças a serem interativas.
- Estimular o pensamento.
- Ajudar as crianças a fazerem conexões entre conceitos.
- Motivar a aprendizagem.
- Ajudar a lembrar.
- Representar todas as crianças.
- Ficar na altura das crianças.
- Celebrar e afirmar o sucesso.
- Lembrar de regras e códigos de comportamento.

Uma professora descreveu a política da sua escola em relação aos expositores usando uma metáfora com o oceano. A maré bateria nas bordas do expositor dia após dia, significando que materiais seriam adicionados, tirados ou mudados de lugar. Os expositores evoluiriam e se tornariam mais elaborados em uma semana, depois diminuiriam na outra. Mas, de repente, haveria uma tempestade e tudo seria levado embora, ficando pronto para recomeçar no dia seguinte.

Quando Carrie fez um desenho da sua mãe jogando tênis com ela no parque, sua monitora a estimulou a escrever uma legenda para colocar na parede com o desenho e ler para ela. Ela comentou como ela tinha feito bem a letra C de Carrie, e que tinha usado uma letra maiúscula para começar a frase, mas que resistiu à tentação de "corrigir" a escrita. O propósito era que Carrie trabalhasse de forma independente, o que ela conseguiu. Orgulhosamente, Carrie leu a legenda para a babá quando ela veio buscá-la no final do dia.

Questões que você talvez queira abordar quando verificar sua política para os expositores:

- Qual é o propósito de ter expositores em seu ambiente?
- De que maneira as exposições promovem a aprendizagem das crianças?
- Como ficam os expositores vistos da altura de uma criança?
- Em que circunstâncias os trabalhos das crianças devem ser expostos?
- Quais são as principais áreas para exposições?
- Quem é o público-alvo dos expositores em cada área?
- Quem é o responsável pelos expositores em cada área?
- Existem outras áreas e espaços que possam ser usados para expor trabalhos?
- Como os mapas mentais podem contribuir para os expositores?
- Quando e quem deve criar expositores?
- Como se devem envolver as crianças na criação de novos expositores?
- Como podemos garantir que todas as comunidades da nossa escola estejam representadas em nossos expositores?
- As mensagens dos nossos expositores são positivas?
- As crianças são representadas em nossos expositores?
- Como nossos expositores refletem a área e comunidade local?
- Nossos expositores ficam a uma altura adequada para as crianças verem?
- Com que frequência devemos fazer adições e mudar os nossos expositores?
- Conversamos com as crianças sobre os expositores?
- Estimulamos as crianças a mostrarem os expositores para seus pais e cuidadores?
- Estimulamos os pais e cuidadores a contribuírem para nossos expositores?

A seguir, 15 ideias para organizar expositores em espaços compartilhados:

1. Usar expositores individuais para expor o trabalho – um lado pode ser usado para pôsteres interativos, e o outro, para o trabalho das crianças.
2. Criar expositores interativos em 3D na frente de um quadro ou parede, usando caixas de papelão de tamanhos diferentes, cobertas com tecido ou pintadas.
3. Laminar títulos para os expositores, de modo que possam ser removidos entre as aulas.
4. Usar um removedor de percevejos para reduzir os danos em mensagens que devam ser trocadas com frequência.
5. Fazer etiquetas com os nomes das crianças em fitas que possam ser penduradas em pinos ou nos modelos.
6. Usar papelão corrugado para fazer expositores que possam ser enrolados após cada aula.
7. Manter caixas de artefatos com rótulos claros.
8. Categorizar os livros e guardá-los em caixas rotuladas.
9. Recortar letras e laminá-las para fazer títulos para os expositores.
10. Recortar os lados de grandes caixas de papelão, pintá-las com tinta densa e colar coisas nelas.
11. Pendurar coisas a partir de cabides de casacos, suspensas em ganchos ou trilhos de quadros.
12. Usar um varal coberto com papel ou tecido.
13. Usar pequenos "pontos" de velcro para fixar folhas de papelão ou papel sobre quadros ou telas.
14. Instalar varas, tubos de papelão ou cabos de vassoura a partir do teto, para pendurar gravuras ou modelos. (Deixá-los no lugar entre as sessões.)
15. Usar uma sapateira de porta transparente para expor pequenas coisas nos bolsinhos. Colocá-la no armário ao final da aula.

Um expositor 3D interativo.

A seguir, 75 temas para exposições interessantes:

Animais	Bolas	Sinos
Grande e pequeno	Pássaros	Azul (ou outra cor)
Garrafas e vidros	Pincéis	Bolhas e balões
Botões e contas	Camuflagem	Círculos
Relógios	Correias e roldanas	Potes
Bonecas	Ovos	Olhos
Histórias favoritas	Penas	Sapatos
Congelamento	Frutas com sementes	Potes de vidro
Cartões	Cabelo	Chapéus
Pesado e leve	Ervas e temperos	Furos e buracos
No ar	No jardim	Selva
Pipas	Folhas	Cartas e cartões
Tampas	Luzes	Ímãs

Bichinhos	Espelhos	Noite
Arca de Noé	Pares	Festas
Panelas e frigideiras	Fantoches	Cores do arco-íris
Retângulos	Raízes comestíveis	Áspero e liso
Salada	Estações	Sementes
Coisas que brilham	Odores	Sons
Espirais	Quadrados	Estrelas
Lugares de histórias	Bichinhos de pelúcia	Texturas
Coisas que dobram	Coisas que espicham	Coisas que usam baterias
Coisas pequenas	Ferramentas	Coisas transparentes
Triângulos	Embaixo d'água	Crescendo!
Água	Rodas	Brinquedos de madeira

A seguir, 12 lugares extras para expor:

Além dos expositores em quadros, muitas professoras observam que precisam de espaço adicional para colocar todos os seus mapas mentais, pôsteres e expositores interativos. Eis algumas sugestões de outros locais que podem ser usados para expor trabalhos.

1. O teto.
2. As janelas.
3. A porta.
4. A cozinha.
5. As portas dos armários.
6. Um varal.
7. Fitas penduradas no teto.
8. Um lençol pendurado no teto.
9. Papelão corrugado entre estantes de livro.
10. O fundo das estantes de livros.
11. Uma pilha de caixas de papelão, cobertas de tecido ou pintadas.
12. Um cavalete coberto com tecido.

Passo 2: Ajudando as crianças a desenvolver boas habilidades de atenção

As habilidades necessárias para prestar atenção são essenciais para uma aprendizagem efetiva. Algumas crianças precisam de ajuda considerável para aprender a prestar atenção e responder da maneira adequada. Saber ficar sentado e ouvir são habilidades que muitas vezes devem ser ensinadas, assim como a alfabetização e alfabetização numérica. Muitas professoras referem-se a essas habilidades como "ouvir bem" e "sentar bem".

As habilidades de escuta são essenciais para aprender.

É estatisticamente provável que, das nossas quatro crianças, três venham a sofrer algum déficit auditivo em algum estágio dos seus anos formativos. George tinha otites frequentes nos três primeiros anos. Seus pais não achavam que ele tinha sinais óbvios de deficiência auditiva, como não responder quando falavam, mas notaram que ele tinha dificuldade para aprender a pronunciar palavras novas, como "vídeo", que pronunciava "bídeo". George faz fonoterapia, que ajudou em seu desenvolvimento linguístico e também ajudou seus pais a entender melhor como monitorar a sua fala e ajudá-lo quando seus níveis auditivos estiverem baixos.

Carrie mora só com a mãe em um apartamento. É raro haver barulho em casa, e ela e a mãe têm muitas conversas longas e detalhadas. Desde muito cedo, Carrie tem facilidade para conversar com adultos, já fazia um bom contato ocular e lia sinais não verbais deles quando começou na creche. Porém, ela tinha mais dificuldade de participar quando várias outras crianças queriam falar. As atividades da hora da roda que envolviam alternar a vez aumentaram sua confiança no grupo e a ajudaram a desenvolver essa habilidade.

Em contrapartida, a casa de Kishan é muito mais movimentada e barulhenta do que a de Carrie. Os avós moram com ele e, várias vezes por ano, a família recebe visitantes de Bangladesh. Kishan está acostumado com ter de falar alto para ser ouvido em seu ruidoso lar, e a professora teve que ajudá-lo a aprender a esperar sua vez, em uma classe com mais de 20 outras crianças disputando a sua atenção. Kishan também tem mais dificuldade para ficar sentado e escutar, e precisou do apoio de um adulto enquanto praticava as habilidades de "sentar bem" durante vários meses, antes que conseguisse permanecer sentado durante toda a hora da história.

George, Carrie e Kishan têm habilidades que evoluíram, em parte, por causa da sua personalidade e, em parte, pela experiência, e todos serão beneficiados por serem ensinados a sentar e ouvir efetivamente.

Um pai nos falou sobre os ataques de raiva repetidos do seu filho na sala de aula:

Lewis sempre foi uma criança intensa. Ele envolve-se bastante no que está fazendo e constrói modelos muito elaborados. Ele pratica jogos imaginativos que envolvem falar bastante sobre a história, cantar e fazer efeitos sonoros incríveis. Um dia, a professora pediu para falar comigo depois da aula. Lewis teve um ataque no final do dia e escondeu-se embaixo da mesa e recusou-se a sair. Quando a assistente tentou tirá-lo, ele deu um chute nela.

Eu ainda não estava convencido que o problema de Lewis era comportamental. Em casa, raramente víamos ataques depois que ele aprendeu a falar para expressar-se. Fui falar com a diretora, que sugeriu que a professora fizesse um diário para anotar o que costumava causar um ataque de raiva em Lewis. Depois de algumas semanas, ficou claro que seus ataques ocorriam ao final das aulas, geralmente quando ele devia limpar e não queria. Em casa, raramente colocávamos esse tipo de limite no tempo das atividades. Tendíamos a ter horários flexíveis para as refeições e para dormir e, se os nossos filhos estivessem envolvidos em algum projeto, deixávamos que terminassem ao seu próprio ritmo. Lewis simplesmente não estava acostumado com esse horário mais rígido.

A resposta para Lewis foi que a professora e o pai trabalhassem juntos. O pai trabalhou para ajudar Lewis a aprender a conduzir a brincadeira depois que recebesse um aviso antecipado. A professora aprendeu a dar um sinal de que a atividade deveria acabar e criou sistemas para ele manter seus modelos até o dia seguinte ou para mostrar ao pai antes de desmontá-los. Gradualmente, Lewis aprendeu a controlar as emoções.

Jane estava na sua quarta semana como professora recém-formada quando sua escola teve uma inspeção do Ofsted.* Ela nos contou:

Na semana antes do Ofsted chegar, eu estava perto de pedir exoneração. Eu temia que os inspetores vissem o que eu achava que era falta de atenção das crianças. Eu levava tanto tempo para conseguir que escutassem que, quando conseguia a atenção delas, a aula estava quase no fim! Eu, seguidamente, sentia que estava falando sozinha.

Não gosto de admitir que estava com dificuldades, pois as outras professoras estavam sob pressão, especialmente minha mentora, que era chefe. Felizmente, a professora da creche, que Deus a abençoe, notou que as coisas não estavam indo bem. Em uma das nossas reuniões de planejamento, ela sugeriu que pedíssemos ajuda. Na reunião geral, eu falei, e fiquei surpresa com a resposta! As professoras fizeram uma lista de sugestões de maneiras para conseguir a atenção as crianças. A diretora veio à sala no dia seguinte, e praticamos um ou dois dos métodos até as crianças entenderem as minhas expectativas. Na verdade, elas gostaram da prática. Aprendi a esperar até que ficassem calmas antes de continuar a falar, não importa o quanto fosse desconfortável.

Quando o Ofsted chegou, eu havia conseguido. Ainda tivemos alguns momentos arrepiantes naquela semana, esperei e insisti que as crianças escutassem quando eu falasse. Aprendi que existem muitas técnicas para se chegar ao mesmo objetivo, e que o mais importante era ter a expectativa certa.

É importante dar instruções claras. Eis alguns princípios para garantir que as crianças escutem você e alguns modos interessante de chamar a atenção delas.

Princípios para garantir que as crianças escutem você:
- Certifique-se de que tem a atenção da criança antes de falar.
- Posicione-se na frente da criança e abaixe-se até ficar no nível dela.
- Certifique-se de que seu rosto está voltado para a luz e pode ser visto.
- Crie sistemas para manter o ruído de fundo em um nível razoável.
- Fale claramente e mais lentamente do que sua fala normal.
- Use frases inteiras para ajudar as crianças a entender o contexto do que está dizendo.
- Faça pausas entre as frases e repita frases ou palavras complexas.
- Use instruções curtas e claras.
- Peça para a criança repetir a instrução ou explicar o significado em suas próprias palavras.
- Verifique a compreensão regularmente.
- Use expressões faciais e gestos manuais adequados.
- Use sinais visuais para reforçar significados.
- Sente onde não houver distração ou movimento atrás de você.[31]

---

* N. de R. T.: Office for Standards in Education. Departamento não ministerial do governo do Reino Unido que define os padrões de qualidade do ensino pré-escolar.

A seguir, 10 maneiras de obter a atenção das crianças:

1. Ensinar as crianças a reconhecer uma "música calma", como sinal para os momentos de silêncio.

2. Usar um adereço, como uma varinha mágica ou um bichinho de pelúcia, para obter silêncio sem precisar usar a voz. Estimular as crianças a reconhecer o sinal e responder rapidamente.

3. Ensinar às crianças alguns sinais mágicos para o silêncio, como esfregar o nariz com a palma da mão ou a barriga com o polegar. Pedir para inventarem novos sinais e criar um novo sinal a cada semana ou quinzena.

4. Tocar na criança mais próxima e dar a ela o sinal mágico. Ela tocará na próxima criança, que passará o sinal adiante pela sala.

5. Bater palmas, tornando-se gradualmente mais silencioso até que esteja batendo três dedos, dois dedos e um dedo na palma da mão. Ensinar as crianças a imitar, até você colocar as mãos silenciosamente sobre o colo e estar pronto para falar.

6. Usar uma pequena sineta, mantendo-a em um lugar proeminente. Quando as crianças virem que você vai pegá-la, elas param antes de ouvir o toque. Escolher uma criança para tocá-la enquanto anda na ponta dos pés, até que todos estejam em silêncio.

7. Começar estalando os dedos em um ritmo, estimulando as crianças a imitar. Mexer as mãos em círculos, de forma cada vez mais lenta e silenciosa, até parar e estar pronto para falar.

8. Tocar em seu queixo com um dedo, fazer um movimento circular, tocando nos ouvidos, cabeça, boca, nariz e assim por diante, enquanto as crianças imitam, até você baixar as mãos e começar a falar.

9. Começar um exercício de Brain Gym® e continuar até todas as crianças participarem em silêncio.

10. Usar uma rima ou canção, como as apresentadas a seguir.

Rimas para obter a atenção das crianças:

Batatinha quando nasce,

Espalha a rama pelo chão.

Menininha quando dorme,

Põe a mão no coração.

Hoje é domingo, pé de cachimbo.

Cachimbo é de barro, bate no jarro.

O jarro é de ouro, bate no touro.

O touro é valente, bate na gente.

A gente é fraca, cai no buraco.

O buraco é fundo, acabou-se o mundo.

Um, dois, feijão com arroz.

Três, quatro, feijão no prato.

Cinco, seis, falar inglês.

Sete, oito, comer biscoitos.

Nove, dez, comer pastéis.

Um sapo dentro do saco,

O saco com o sapo dentro.

O sapo batendo papo,

E o papo cheio de vento.

Sol e chuva, casamento de viúva.

Chuva e sol, casamento de espanhol.

Na casinha da vovó, amarrada de cipó.

O café está demorando, com certeza não tem pó.

A seguir, 6 maneiras de reconhecer a boa atenção:

1. "Notei que Jamie está olhando para Mitchell".
2. "Bom, Jonah está com as mãos no colo".
3. "Obrigado, Cláudia, por esperar eu terminar de falar".
4. "Agora que todos estão calmos, posso explicar o que vamos fazer".
5. "Karla largou os tijolos e está me olhando".
6. "Ótimo! O grupo azul está sentado, pronto para ouvir".

Depois que as crianças estão brincando e trabalhando, pode ser difícil garantir que elas mantenham um nível de ruído que seja apropriado para as atividades que ocorrem e conduzem à aprendizagem. A lista a seguir sugere algumas maneiras em que as professoras podem obter, e depois manter, um nível desejável de ruído.

Cérebro e Educação Infantil **89**

Não é possível definir o nível "adequado" de ruído para os anos iniciais, pois o ruído, muitas vezes, é necessário para a aprendizagem! Tenha em mente que essas sugestões são para aqueles momentos em que o grupo está desviando-se da tarefa ou tornando-se barulhento demais para que haja uma atividade produtiva. Algumas sugestões são adequadas somente para crianças maiores. Lembre-se também que os meninos normalmente são os que têm mais dificuldades para fazer silêncio. Tente não fazer disso um problema de gênero.

Maneiras de obter e manter um nível desejável de ruído:

- Usar as mãos para ilustrar o nível de ruído que é esperado – braços abertos significam uso livre da voz, e braços fechados significam silêncio. Estimule as crianças a fazerem as ações com você e repetirem durante a atividade, se necessário.

- Usar o "decibelímetro" com diferentes tipos de atividades descritas nele, com o nível de ruído para cada tipo de atividade

- Colocar cartões individuais sobre as mesas para mostrar aos grupos o tipo de voz que seria adequado para a sua atividade, como uma série de rostos com bocas de tamanhos diferentes: por exemplo, fechadas para silêncio e abertas para uma atividade ruidosa.

- Usar afirmações frequentes de que as crianças sob seus cuidados sabem usar o "tamanho" certo de voz para cada tipo de atividade.

- Praticar níveis diferentes de voz durante a hora da roda e dramatizar os níveis certos de ruído para diferentes atividades.

- Usar um controle de volume imaginário para aumentar ou abaixar o volume. Deixar as crianças praticarem aumentar e abaixar o volume, para aprenderem a sensação.

- Falar sobre "pés silenciosos" e "vozes silenciosas", que usamos para não perturbar pessoas que estão trabalhando, vizinhos e outras pessoas.

- Fazer um som ou sinal como levantar a mão ou uma sineta quando o volume estiver alto demais e ajudar as crianças a responderem quando notarem o sinal.

- Ser claro quando quiser que as crianças brinquem em silêncio e agradecer quando o fizerem.

- Limitar o tempo em que as crianças devem fazer muito silêncio. Fazer isso em períodos curtos, alternando com sessões mais relaxadas. Lembrar que as crianças precisam falar sobre o que estão fazendo.

- Usar dois brinquedos de pelúcia, um que gosta de silêncio e outro que gosta de barulho, e apresentar o que gosta do nível de ruído que quiser estabelecer para a atividade.

A seguir, 10 maneiras de fazer fila:

1. Andar de um lugar para outro sem fazer fila, mas seguindo um sinal para caminhar em silêncio e com calma.

2. Escolher o primeiro e o último, e os outros entram na fila.

3. Fazer fila ao som de uma música animada, ou uma música calma, ou uma música de sapateado; o que for adequado para o humor e a atividade.

4. Fazer fila fingindo que são gatos, cães, elefantes ou girafas.

5. Fazer fila conforme atributos físicos, como: primeiro, aqueles com cabelo longo, seguidos por quem tiver cabelo curto, marrom ou preto.

6. Fazer fila iniciando com aqueles que tiverem sapatos com cadarços, seguidos pelos que tiverem fivelas, ou que estiverem de moleton, mangas curtas ou longas, ou boné.

7. Fazer fila seguindo as atividades que as crianças escolherem para a manhã: primeiro, aqueles que construíram com tijolos, seguidos pelos que trabalharam na caixa de areia ou os que fizeram desenhos.

8. Fazer fila conforme a altura, do mais baixo ao mais alto ou do mais alto ao mais baixo. Depois, virar ao contrário e seguir o último, ou escolher um líder para o começo ou o fim, no meio da fila.

9. Fazer fila por aniversário – primeiro, os que fazem aniversário em junho, seguidos por aqueles cujo aniversário é em março, ou maio, e assim por diante.

10. Fazer fila em ordem alfabética, e então escolher um líder no começo e no final.

Canções para a fila:

Dez criancinhas fizeram uma fila um dia,

Até a porta e muito longe,

A sra. X disse: "oh, muito bem,

Estou muito orgulhosa de vocês todos!"

(cantado com a melodia de "Indiozinhos")

Estamos indo para o corredor, corredor,

Estamos indo para o corredor, corredor,

Faça fila agora atrás da porta,

Estamos indo para o corredor, corredor.

(ou o pátio, hora da história ou outra situação)

(cantado com a melodia de "Cabeça, ombros, joelho e pés")

Enrole o carretel,

Enrole o carretel,

Caminhe, caminhe,

Espere pela porta,

Enrole de novo,

Enrole de novo,

Levante, levante,

Levante bem

(cantado com a melodia de "Marcha soldado")

Ouço passos,

Ouço passos

Não escutou?

Não escutou?

Caminhe em silêncio,

Caminhe em silêncio,

Para a porta,

Para a porta (ou tapete, parede ou calçada)

(cantado com a melodia de "Polegares, polegares, onde estão?")

Cabeças e ombros

Na fila, na fila,

Cabeças e ombros

Na fila, na fila

E olhos e nariz

Devem virar pra frente

Cabeças e ombros

Na fila, na fila.

(cantado com a melodia de "Cabeça, ombros, joelho e pés")

Vamos fazer fila, ila, ila

Vamos fazer fila,

Quando estivermos prontos, ontos ontos,

Tudo vai ficar bom.

(cantado com a melodia de "Atirei o pau no gato")

Passo 3: Ajudando as crianças a concentrarem-se na atividade

Um dos nossos objetivos principais nos anos iniciais é ajudar cada criança a desenvolver boas habilidades de concentração por meio de um currículo amplo. Proporcionando um currículo que seja estimulante e envolvente, cada criança deve conseguir passar seu tempo envolvida em uma atividade com propósito. A professora deve intervir sempre que a concentração diminuir para envolver as crianças novamente, para adaptar ou expandir a atividade ou para redirecionar as crianças para fazerem algo novo.

A professora de Kishan costuma surpreender-se com o tempo que ele consegue concentrar-se em certas atividades. Kishan adora construir e trabalhar em três dimensões. Quando trabalha em uma tarefa que envolve brinquedos de construção, ele consegue concentrar-se por períodos muito longos. Ainda assim, quando a professora quer que ele faça um desenho ou escreva uma sentença curta, ele tem dificuldade para concentrar-se por mais de alguns minutos. Kishan é um aprendiz cinestésico. A professora precisa garantir que as tarefas escritas que designa para ele tenham um propósito que o interesse, pois facilita que ele mantenha-se atento à tarefa. Por exemplo, recentemente, ela pediu para ele desenhar o robô que fez com o kit de construção e escrever uma sentença sobre suas aventuras. A assistente de sala de aula ficou por perto, para fazer afirmações sobre o fato de Kishan ater-se à sua tarefa.

Em seu primeiro ano na escola, Carrie considerava a escola grande "aterrorizante". Quando a classe ia a assembleias, Carrie sentava no colo da professora. A professora verificava a pauta das assembleias antes de tomar a decisão de levar as crianças ou não e, no começo, somente deixava a classe no salão pelos primeiros cinco minutos. Gradualmente, ela aumentou o tempo esperado que as crianças permanecessem sentadas, mas, se Carrie ou algum dos seus amigos tivesse dificuldade demais para ficar sentado por esse tempo, a assistente os tirava silenciosamente. No final do primeiro semestre, Carrie estava confiante e ficava feliz por participar das assembleias.

A babá de Samir nos falou sobre os desafios que enfrentava quando tentava ajudá-lo a ficar sentado e se focar em atividades por mais de alguns segundos. Os pais de Samir explicaram que ele sempre foi uma criança ativa. Ele caminhou aos 9 meses e correu aos 9 e meio. E pareceu não parar de correr pelos dois anos seguintes, e ainda preferia estar se mexendo. Ele aparentemente ignorava a mãe e a babá quando elas falavam com ele, e tinha ataques espetaculares se insistissem que ele seguisse suas instruções.

Enquanto a babá trabalhava com seus pais para tentar resolver esse problema, ela entendeu que os ataques geralmente eram causados pelo fato de que ele não tinha tempo suficiente para processar as instruções que recebia. Portanto, o que ela considerava um ato razoável, como pegar a mão dele para fazê-lo deixar a bicicleta e entrar para o almoço, Samir compreendia como uma agressão inesperada. Quando os adultos começaram a esperar conscientemente alguns minutos depois de falar com Samir, permitindo que ele processasse antes de repetirem o pedido calmamente, os ataques tornaram-se menos frequentes, e finalmente pararam.

O círculo da aprendizagem baseada no cérebro

Esta estrutura pode ser usada para ajudar crianças que estão prontas para a introdução de aulas de alfabetização ou alfabetização numérica.

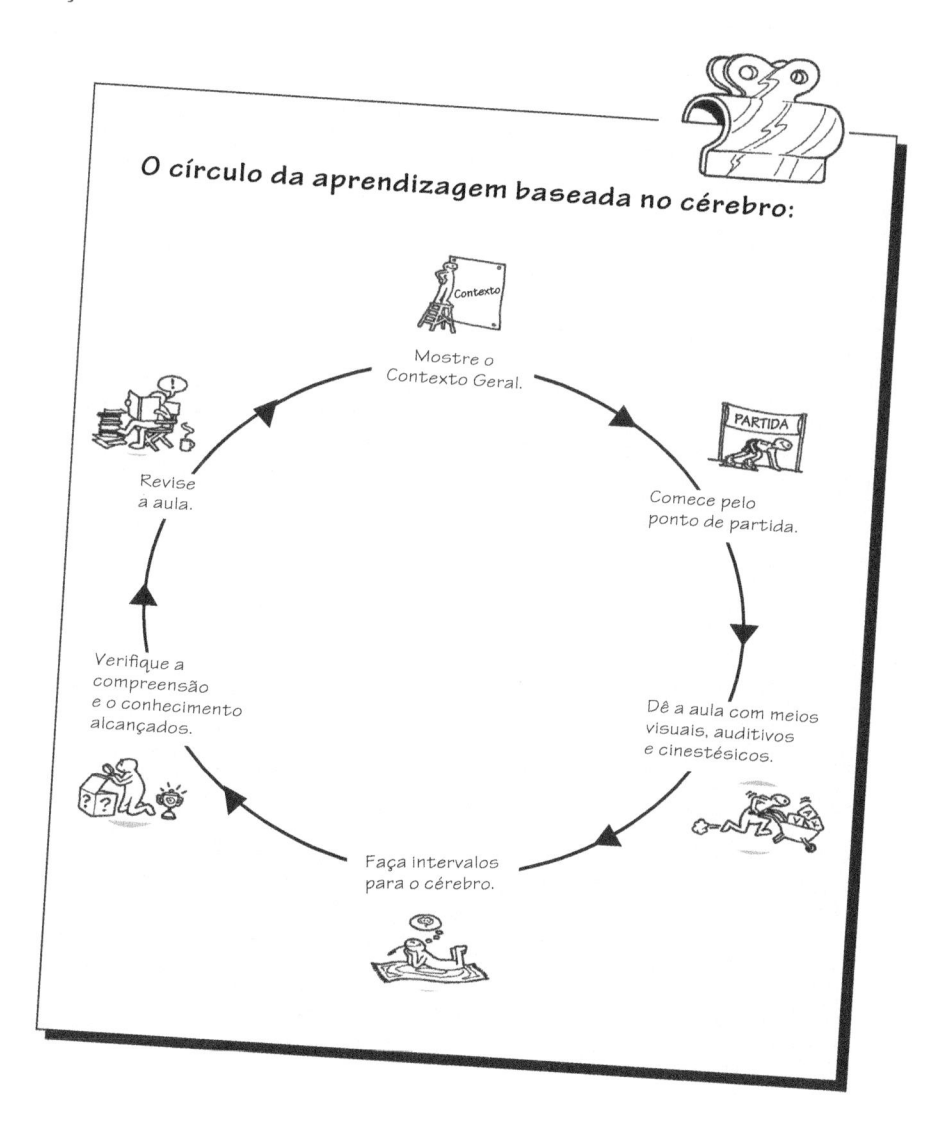

O círculo da aprendizagem baseada no cérebro:

- Mostre o Contexto Geral.
- Comece pelo ponto de partida.
- Dê a aula com meios visuais, auditivos e cinestésicos.
- Faça intervalos para o cérebro.
- Verifique a compreensão e o conhecimento alcançados.
- Revise a aula.

Para uma versão em tamanho normal, ver o final do livro.

É importante que as professoras tenham em mente as necessidades evolutivas de grupos e crianças individuais, especialmente quando trabalham sob pressão para cobrir um currículo definido em uma quantidade definida de tempo. Considerar as perguntas na próxima página pode ajudar a garantir que o foco permaneça na criança, e não no currículo. A pergunta "quanto tempo uma criança deve permanecer em uma tarefa?" deve ser respondida com outras perguntas. "A tarefa é apropriada?"

Perguntas a considerar sobre o tempo que uma criança deve permanecer em uma tarefa:

- A tarefa é apropriada para as necessidades da criança?
- A tarefa oferece o nível certo de desafio para a criança?
- Qual é o tempo natural de concentração da criança neste tipo de tarefa?
- A criança está motivada para se concentrar na tarefa?
- Quais critérios você usaria para julgar se a tarefa foi concluída adequadamente?
- Existe apoio de adultos para a criança que faz a tarefa? Qual?
- Com que frequência, e quando, a criança recebe comentários enquanto faz a tarefa?
- A tarefa pode ser decomposta em partes menores?
- Existem intervalos para o cérebro na aula, proporcionando alívio físico?
- Em que hora do dia a tarefa está sendo realizada?
- Qual é o estado fisiológico da criança ao fazer a tarefa?

Perguntas a considerar ao introduzir aulas mais formais de alfabetização e alfabetização numérica:

Lembre, você está no controle da introdução do ensino formal desses elementos do currículo e, a partir de 2011, não haverá requisito legal para adotar métodos específicos, embora os objetivos do Foundation Stage ainda estejam mantidos. Seu conhecimento do estágio de desenvolvimento e das necessidades individuais das crianças sob seus cuidados deve orientar as suas decisões profissionais.

- As crianças conseguem chegar aos níveis de concentração necessários para essas aulas?
- Como planejamos atividades suficientemente variadas para atender às necessidades de crianças tão pequenas?
- Como incorporamos as últimas orientações e atividades sugeridas para alfabetização e alfabetização numérica à medida que o currículo muda?
- Como decidimos quais crianças estão prontas para as sessões?
- Estamos satisfazendo as necessidades de todas as crianças na classe ou grupo? Como sabemos?
- Estamos oferecendo todos os aspectos da comunicação, linguagem e alfabetização para todas as crianças? Como verificamos?
- Como usamos a observação para monitorar o progresso e o desenvolvimento nessas habilidades fundamentais?
- Proporcionamos intervalos para o cérebro e movimento durante as sessões?
- Monitoramos se as crianças estão trabalhando em suas tarefas ou não? O que fazemos com o que descobrimos?
- O que fazemos se uma criança parece considerar as atividades planejadas difíceis demais ou fáceis demais?
- Como garantimos que as informações detalhadas que temos sobre os indivíduos serão usadas para ajudá-los quando passarem para novos grupos e classes?

- Quando essas aulas concentradas acontecem? É sempre na mesma hora do dia? Elas têm uma influência prejudicial em situações de aprendizagem por iniciativa das crianças?
- Como podemos planejar aulas integradas, nas quais as crianças tenham oportunidades para praticar suas novas habilidades em atividades práticas?
- Como compartilhamos informações sobre o desenvolvimento das crianças com os pais e cuidadores?

A seguir, 10 maneiras de aumentar o tempo que as crianças dedicam às tarefas:

1. Monitorar as brincadeiras das crianças cuidadosamente e intervir quando estiverem começando a perder a concentração.

2. Ter ideias novas para reestruturar ou desenvolver uma atividade quando a concentração das crianças diminuir.

3. Perguntar às crianças no grupo o que elas fariam para ampliar uma atividade e preparar-se para ajudá-las a pegar novos materiais ou reorganizarem-se.

4. No começo da aula, pedir às crianças para contarem ao grupo o que planejam fazer e o que esperam alcançar.

5. Incluir momentos de revisão para fazer comentários para o grupo sobre sua última atividade.

6. Usar um temporizador de cozinha ou uma ampulheta para mostrar às crianças quanto tempo elas passaram em uma tarefa.

7. Usar músicas para marcar a duração de certas atividades.

8. Fazer um intervalo para o cérebro ou uma atividade de Brain Gym® para quando as crianças começarem a distrair-se.

9. Fazer uma lista de quem já participou de uma determinada atividade e pedir às crianças para marcarem seus nomes quando concluírem a atividade.

10. Passar um bom tempo fazendo as atividades, mesmo quando forem iniciativa das crianças.

Estratégias para usar quando as crianças amadurecerem e seu nível de concentração aumentar

Algumas das estratégias seguintes são mais apropriadas para crianças maiores. As crianças pequenas precisam de uma abordagem mais individual para desenvolverem a concentração, e estarão trabalhando a uma taxa de um adulto por criança, em que é mais fácil programar expectativas e estratégias de apoio para a criança.

- Observar as crianças cuidadosamente para saber onde e quando elas têm mais facilidade para concentrarem-se e trabalhar com esses sucessos.
- Interromper a aula, um grupo ou um indivíduo para perguntar o que estão fazendo e o que querem alcançar.
- Usar afirmações frequentes sobre grupos e indivíduos, descrevendo como eles concentram-se em atividades e tarefas diversas.
- Intervir para sugerir algum desenvolvimento na atividade quando sentir que as crianças estão começando a perder o foco.
- Fazer rótulos para as crianças coletarem quando começarem a atividade que escolheram.
- Fazer rótulos com crachás, pedaços de lã ou clipes, que as crianças podem prender na roupa para mostrar a atividade da qual decidiram participar.
- Dar aos grupos desafios que exijam concentração prolongada para concluir.
- Agrupar as crianças juntando as com mais facilidade de concentração com outras que tenham mais dificuldade para aterem-se às tarefas.
- Falar sobre o que estão fazendo enquanto trabalha com as crianças, amparando-as à medida que pensam sobre como poderiam ampliar a tarefa.
- Usar música calma para criar o humor necessário para a concentração.

Passo 4: Falando a língua da aprendizagem

Dando feedback positivo

A linguagem que a criança ouve em casa e na escola cria para ela um conjunto de crenças sobre si mesma que influencia muito a maneira como aprende. As crianças precisam ouvir descrições explícitas sobre comportamentos desejáveis e sobre si mesmas. Esse tipo de *feedback* positivo dá poder ao pensamento positivo que, por sua vez, leva a grandes realizações.

A professora de uma creche nos contou a história de Cara, que era a quarta de seis filhos:

Cara tinha 4 anos. Aos 40, sua mãe estava fazendo o máximo para alimentar e vestir os filhos em circunstâncias muito difíceis. Cuidei das três meninas maiores, mas Cara não era calma e "fácil" como suas irmãs mais velhas – ela era uma garotinha muito determinada! A mãe dela simplesmente não conseguia lidar com uma criança que questionava sua autoridade o tempo todo. Quando a mãe chegou mais cedo um dia para buscar as crianças, Cara não queria ir. Ela estava ocupada limpando depois de uma aula de culinária e queria ficar até os seus biscoitos saírem do forno.

A mãe não achava que seria importante avisar as crianças que as pegaria mais cedo, e não tinha a habilidade necessária para negociar com Cara a respeito da necessidade de ir. "Meninas más não ganham sorvete no caminho para casa. Só meninas boas", disse ela a Cara, enquanto a puxava para a sala dos casacos. "Eu gosto de ser uma menina má", gritou Cara, enquanto pegava a minha mão. "Minha professora também gosta de meninas más – não é, sra. Simpson?"

Entendi que Cara categorizava-se como uma "menina má", enquanto suas irmãs maiores eram "meninas boas" que mereciam sorvete. Cara imaginou que eu concordaria com a mãe que ela era uma menina má, mas eu não tinha preferência por crianças boas ou más.

Entendi que precisávamos ser mais explícitas ao dar vocabulário positivo às boas qualidades e atributos de Cara. Por exemplo, se Cara levantasse a voz para dizer a outra criança para devolver um brinquedo roubado de um amigo, chamávamos mais atenção para o fato de ela ter um forte sentido de justiça do que o fato de ter gritado. Começamos a dar nomes aos seus comportamentos positivos e, gradualmente, ela parou de dizer que era "má". Foi interessante que o comportamento dominante diminuiu quando ela recebeu rótulos positivos para si mesma. A mãe também achou o comportamento dela mais fácil, e seu relacionamento tempestuoso gradualmente acalmou-se.

Depois de uma atividade de dramatização, a professora de Carrie pediu para as crianças discutirem o que tinham gostado na "performance" uns dos outros. "Gostei quando Zack fez caretas engraçadas quando disse que o jantar estava delicioso", disse Carrie. "Por que você gostou disso, exatamente?", questionou a professora. "Porque ele não gostou de verdade", respondeu Carrie. "Porque a careta dizia que estava nojento!", completou outra criança. Então, Zack aprendeu que a sua atuação engraçada tinha sido um sucesso e que o seu público havia entendido a diferença entre o que ele disse e o que ele pensou. Ele aprendeu que essa técnica funcionava e sentia-se motivado a usá-la novamente. Seus colegas também aprenderam algo, e alguns deles inspiraram-se a experimentar a técnica em outra data.

Uma professora da classe de adaptação falou de como as professoras da sua escola tentam falar apenas coisas positivas sobre as crianças sob seus cuidados:

Nossa escola fica em uma área muito difícil, e uma grande proporção das nossas crianças recebe merenda escolar. É deprimente sentir que às vezes esperam que atinjamos o mesmo no fim do Estágio 1 que as outras escolas da região. Muitas de suas crianças já chegam na escola sabendo ler. Algumas da minha classe mal sabem falar frases inteiras.

Ainda assim, tentamos nunca falar negativamente sobre os nossos alunos, seja dentro ou fora da escola. Nos concentramos no positivo. Às vezes, é difícil, mas é aí que você precisa de uma equipe forte e de apoio da administração. Nossa diretora está sempre pronta para pegar o positivo, e comenta o progresso feito, em vez das notas. Isso tem um impacto no moral das professoras e tem um grande efeito positivo na autoestima das crianças.

O feedback é tão importante para o desenvolvimento de habilidades sociais quanto para o desempenho acadêmico. A monitora de George ficou feliz em observar que, na segunda-feira, ele atravessou a creche caminhando, sem pegar na mão dela. Ele caminhou com seu amigo Dinesh. Ela contou que George viu que ela tinha notado e como ela ficou contente por ele e Dinesh tornarem-se amigos. Quando chegou a hora de caminhar pelo pátio na outra segunda-feira, George veio pegar a sua mão. A monitora gentilmente pegou a mão do menino e chamou Dinesh. "Lembra como caminhou pela creche com Dinesh na segunda-feira?, perguntou. George acenou com a cabeça. "Você gostaria de fazer o mesmo hoje?", disse ela, colocando a mão de George sobre a de Dinesh. George saiu feliz pelo pátio com Dinesh. Depois de revisitar a experiência anterior, George teve ajuda para repetir seu sucesso uma semana depois.

Manter-se 100% positivo pode ser difícil para professoras ocupadas. A atividade a seguir pode ser uma ferramenta útil para verificar a linguagem usada em sua escola e garantir que, quando está sob pressão, você não caia na armadilha do negativo.

Atividade: a regra dos quatro por um

Para seguir a regra dos quatro por um, você deve garantir que usa quatro comentários positivos para cada comentário neutro, e simplesmente evita comentários negativos. Isso pode parecer difícil e, às vezes, exige prática para manter a linguagem apenas no positivo. Use a tabela a seguir para monitorar a fala em sua escola. Peça para uma colega ou amiga observá-la e anotar o tipo de comentário que você faz para as crianças no curso normal da aula. Na primeira coluna, a observadora deve anotar o nome das crianças envolvidas na interação. Depois, deve marcar uma célula para mostrar se o comentário foi positivo, negativo ou neutro. Na coluna da direita, ela pode escrever um pequena observação para lembrar do contexto, ou de algo que queira comentar depois da observação.

Ficha de observação: a regra dos quatro por um				
Nome da criança	Positivo	Negativo	Neutro	Observação

Para uma versão em tamanho natural, ver o final do livro.

Exemplos de comentários neutros:

- "Jamie, prefiro que você sente-se no tapete agora."
- "Natasha, pode me mostrar como guardou os pincéis com tanto cuidado nos potes?"
- "Jasmine, você lembra que pegamos um biscoito de cada vez?"
- "Andy, lembre que colocamos nossos pratos na lavadora depois de terminar de comer."
- "Ella, você pode pendurar o casaco, por favor? Isso mesmo, no pino verde."
- "É assim que limpamos os pés, limpamos os pés, limpamos os pés; é assim que limpamos os pés antes de entrarmos quando está chovendo."

Enxergando qualidades negativas como positivas

Obstinado	Persistente
Desobediente	Assertivo
Travesso	Curioso
Dogmático	Confiante
Desobediente	Inquisitivo
Não cooperativo	Questionador
Teimoso	Resiliente
Mandão	Um líder natural!

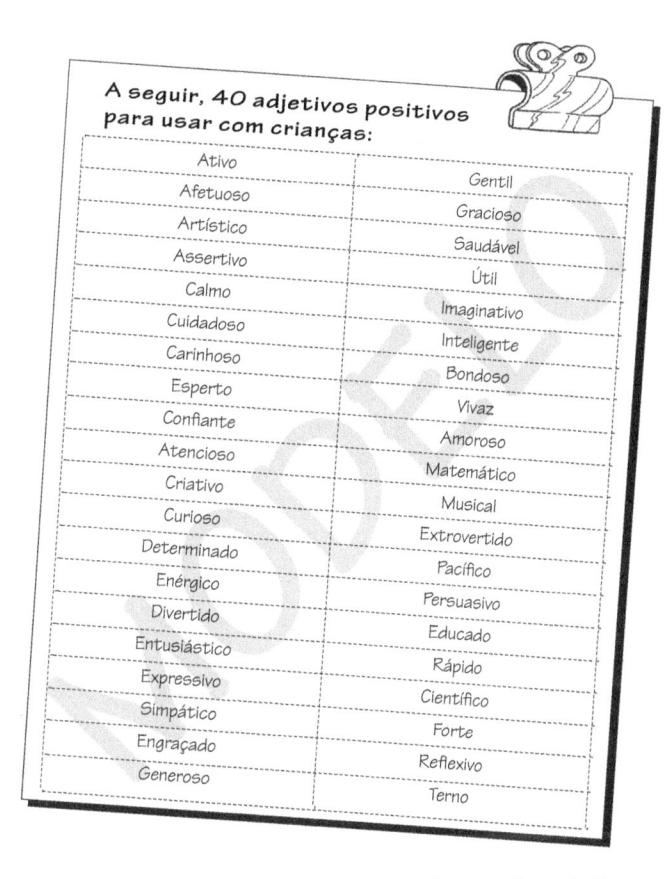

A seguir, 40 adjetivos positivos para usar com crianças:	
Ativo	Gentil
Afetuoso	Gracioso
Artístico	Saudável
Assertivo	Útil
Calmo	Imaginativo
Cuidadoso	Inteligente
Carinhoso	Bondoso
Esperto	Vivaz
Confiante	Amoroso
Atencioso	Matemático
Criativo	Musical
Curioso	Extrovertido
Determinado	Pacífico
Enérgico	Persuasivo
Divertido	Educado
Entusiástico	Rápido
Expressivo	Científico
Simpático	Forte
Engraçado	Reflexivo
Generoso	Terno

Para uma versão em tamanho natural, ver o final do livro.

Atividade: pensamento positivo

Usando uma lista do grupo como a apresentada abaixo, pense em adjetivos positivos para descrever cada criança. Isso lhe dará uma boa ideia das crianças que estão recebendo menos atenção positiva durante o dia. De maneira alternativa, talvez você prefira pensar em uma lista e ver quantos adjetivos pode usar em uma aula.

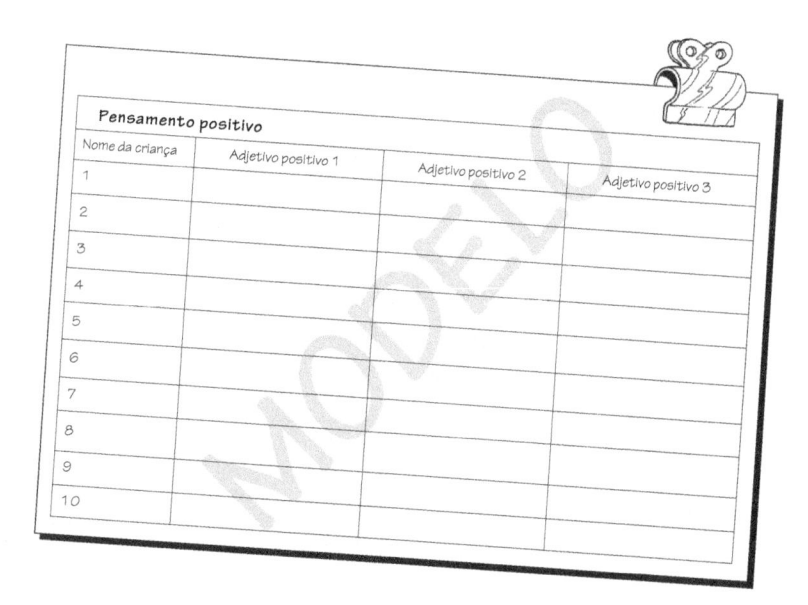

Pensamento positivo			
Nome da criança	Adjetivo positivo 1	Adjetivo positivo 2	Adjetivo positivo 3
1			
2			
3			
4			
5			
6			
7			
8			
9			
10			

Para uma versão em tamanho natural, ver o final do livro.

Atividades usando adjetivos positivos

As seguintes atividades devem ser usadas com discrição – algumas crianças menores consideram os adjetivos confusos.

- Na hora do círculo, dê a cada criança um cartão com um adjetivo impresso. Leia a palavra e discuta o significado, peça para a criança dar o cartão a alguém que combine com a descrição.

- Ao final do dia, dê às crianças adesivos com os adjetivos escritos, correspondente a uma atividade ou realização do dia. Peça para explicarem a seus pais por que ganharam o adesivo.

- Antes de começar a tarefa, discuta um ou dois atributos que possam ser úteis e escreva os adjetivos no quadro ou em um pôster.

- Crie chapéus engraçados com descrições positivas pregadas neles, como "amigo atencioso", "bom ouvinte" ou "cuidadoso". Quando uma criança é vitoriosa em alguma coisa, dê o chapéu para ela usar pelo restante da aula.

- Crie um quadro de adjetivos positivos. Pregue uma seleção de adjetivos e coloque fotografias de crianças apresentando os atributos em atividades diárias.

- Diga: "estou pensando em alguém que é bondoso/simpático/divertido", peça para as crianças adivinharem em quem está pensando.

- Faça uma seleção de cartões mostrando atributos básicos como "Macaco Musical", "Gato Gentil", "Cachorrinho Colaborador", "Cão Carregador", "Ratinho Responsável" e pergunte às crianças quais personagens eles querem que os ajudem no trabalho que planejaram.

Mudando de comentários negativos para comentários positivos

Fazer afirmações positivas ou fazer perguntas positivas incentiva as crianças a aprenderem bons comportamentos.

Carin, você está fazendo uma bagunça horrível – não é assim que usamos os pincéis.	Carin, pode me mostrar como você coloca os pincéis cuidadosamente nos potes?
Joseph, não empurre! Por que você sempre tem quem empurrar quem está na frente?	Joseph, sei que posso confiar em você para pegar o meu apito da cadeira e levá-lo para mim.
Sarah, não faça isso – você está derramando a areia!	Sarah, você pode ajudar a Mary a pegar a vassoura e mostrar como você é boa em varrer a areia?

Frases úteis para dar *feedback* verbal para crianças pequenas:
- É interessante que...
- Gosto do jeito que você...
- Notei que...
- Vejo que esta parte é...
- O modo como você...
- Quando você...vi que as outras crianças...
- Você estava tendo cuidado quando...
- Você estava mesmo pensando quando....
- Você fez a Kerry sentir-se muito melhor quando...
- Paleb sentiu-se tão bem quando você disse...
- Eu estava olhando o jardim quando vi você ajudando...
- Obrigado, você parou para pensar antes de...

Frases úteis para abrir um diálogo produtivo:
- Pode me dizer como você...
- O que você acha que aconteceria se você...
- Quem poderia ajudá-lo a...
- Se você fizer essa parte um pouco diferente, o que...
- Da próxima vez que fizer essa atividade, o que você...
- De quantas maneiras você poderia...
- Como você ajudaria seu amigo a fazer isso...
- O que você sabe agora que não sabia antes...
- O que você fez antes/depois disso?
- O que você usou para...
- Quem estava ajudando você...
- Que parte foi a melhor...
- Que parte você gostou mais de fazer?
- Como você descobriu o modo de...
- Quando/como você aprendeu a...
- Por que você fez isso assim?
- Que parte você gosta?
- Mostre-me como...

Murmurar os pensamentos

> *A linguagem é a habilidade cognitiva mais importante, pois é o primeiro sistema de símbolos da criança, que então é usado para aprender outros sistemas de símbolos, como a matemática.*
>
> Ronald Kutolak[32]

Murmuramos nossos pensamentos quando falamos sobre o que estamos fazendo, enquanto estamos envolvidos em uma atividade. As crianças pequenas fazem isso naturalmente, à medida que adquirem a linguagem para descrever as suas ações. À medida que crescem, as crianças costumam tornar-se mais tímidas em relação a falar em voz alta, mas o ato de murmurar os pensamentos pode ser uma das maneiras mais efetivas de tornar a aprendizagem concreta. A adição da linguagem a uma atividade ajuda as crianças a processar seus pensamentos, conectar conceitos, desafiar seu raciocínio e armazenar a aprendizagem na memória.

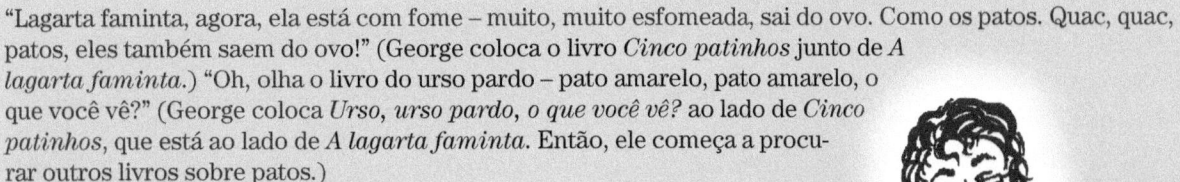

A monitora de George observou que ele estava bastante ocupado no canto dos livros, separando os livros em categorias. Ela sentou-se por perto para ouvi-lo antes de ajudá-lo a separar os livros.

"Lagarta faminta, agora, ela está com fome – muito, muito esfomeada, sai do ovo. Como os patos. Quac, quac, patos, eles também saem do ovo!" (George coloca o livro *Cinco patinhos* junto de *A lagarta faminta*.) "Oh, olha o livro do urso pardo – pato amarelo, pato amarelo, o que você vê?" (George coloca *Urso, urso pardo, o que você vê?* ao lado de *Cinco patinhos*, que está ao lado de *A lagarta faminta*. Então, ele começa a procurar outros livros sobre patos.)

A monitora de George começa a procurar outros livros sobre patos e ovos. "Oh, eis *O grilo muito tranquilo*", disse ela. "Ele também sai dum ovo." George pegou o livro e colocou ao lado de *A lagarta faminta*. Então, ela arrumou os livros em silêncio, deixando que George continuasse o seu trabalho, passando-lhe outros livros que pareciam relevantes para a sua busca. Eles trabalharam juntos, ambos murmurando seus pensamentos, até George ficar satisfeito com a organização dos livros.

Para ajudar as crianças a murmurar seus pensamentos:

- Dê exemplos do processo sempre que demonstrar como fazer uma tarefa.
- Estimule todos os adultos que trabalham em sua escola a murmurar seus pensamentos enquanto fazem suas tarefas cotidianas.
- Pratique murmurar os pensamentos durante a hora da roda.
- Nas sessões plenárias, chame atenção para crianças que murmuraram os pensamentos durante a atividade anterior. Pergunte como isso ajudou na aprendizagem delas.
- Chame atenção para a linguagem específica necessária para uma atividade quando apresentar o Contexto Geral.
- Ajude as crianças a murmurarem seus pensamentos quando andarem pela sala.
- Pare junto às crianças quando elas brincam, tornando o ato de murmurar os pensamentos uma comunicação bidirecional, enquanto trabalham juntos em uma atividade prática.
- Sente-se para participar de uma atividade – fazer um desenho, fazer um modelo ou amassar argila – murmurando seus pensamentos enquanto isso.
- Sente-se e conduza as crianças pela atividade, por exemplo: "Kyle, vejo que você está dedicando-se para colocar as contas na linha. Isso mesmo, puxe a ponta da linha pelo furo. Qual é a próxima? Uma verde? Opa, escapou! Pegue de novo, isso. Agora vire-a e ache o furo".

Parte Três

Desenvolvendo técnicas baseadas no cérebro

Passo 1: Ensinando as crianças a fazer mapas mentais

Os mapas mentais estão entre as mais poderosas ferramentas que podem ser usadas para enriquecer a aprendizagem. As crianças pequenas consideram muito fácil fazer mapas mentais. Um mapa mental é como um diagrama de aranha ou um fluxograma, com a palavra-chave – o tema – do mapa escrito no meio, juntamente com um símbolo ou imagem. O mapa é desenvolvido do centro para fora, com palavras-chave ou imagens unidas por linhas e setas para mostrar as conexões. Ele pode ser construído e reconstruído sempre que as crianças desejarem, à medida que explicam suas ideias e as conexões que fizeram entre conceitos.

Uma professora de um curso de treinamento em aprendizagem baseada no cérebro falou da capacidade da sua filha de 1 ano de fazer mapas:

Quando eu estava grávida, costumava ouvir música clássica. Minha filha Chloe parecia reconhecer as minhas músicas preferidas desde que nasceu. Um dia, brincamos no jardim, e Chloe admirou as lindas flores. Mais tarde, naquela tarde, coloquei uma das minhas músicas preferidas. Chloe parou o que estava fazendo e ouviu atentamente, mexendo as mãos ao som da música. "Não é linda?", comentei. F-f-f-or", disse ela, em uma voz sussurrada, mexendo as mãos delicadamente no ar, da maneira que havia tocado nas flores no jardim. Depois disso, a música clássica passou a ser conhecida como a "música das flores" na nossa casa.

Com 1 ano, Chloe já relacionava o conceito de "lindas", das lindas flores no jardim, à agradável música que sua mãe tocava em casa. Ela aprendeu a categorizar a música que ouvia ao seu redor, pois somente a música clássica ganhava o título de "música das flores". Sua capacidade de mapear e relacionar conceitos já estava fortemente instalada.

Carrie assistiu a um documentário na televisão com sua mãe sobre a sina dos elefantes e como a espécie está ameaçada.

No dia seguinte, na escola, Carrie foi direto para a área da tecnologia. Ela trabalhou com concentração por quase meia hora, falando consigo mesma enquanto trabalhava. Encaixou dois tubos de papelão cuidadosamente, alguns palitos de pirulito e uma caixa de cereais. Ela também fez uma pequena caixa bastante decorada, usando materiais cuidadosamente escolhidos das prateleiras. Carrie estava tirando o máximo ganho dessa atividade, pois estava acrescentando a linguagem à experiência. A professora a estimulou, primeiro, a murmurar seus pensamentos e, depois, e descrever a atividade para os outros.

Na sessão plenária, Carrie explicou seu trabalho para o grupo. "É um submarino para resgatar elefantes", explicou, segurando o modelo. "Ele pode viajar pelo oceano à velocidade da luz. Tem motores aqui, que giram bem rápido. Eles também iluminam o caminho para os marinheiros. Ele pode transformar-se em um carro, mas só quando fica escuro. Está numa missão secreta para salvar os elefantes dos homens maus que querem matar eles. Não consigo lembrar..."

"Caçadores?", sugeriu a professora. "Isso, caçadores!", continuou Carrie, "então o submarino leva os elefantes para um mundo no fundo do mar, onde ficam seguros até todos os, hum, caçadores irem pra casa. Então, os homens sábios ensinam os caçadores que eles devem deixar os elefantes em paz. Suas esposas mostram como fazer joias bonitas, que eles podem vender". Carrie mostrou a caixa decorada. "Viu? Essas são as joias que os caçadores fazem com as conchas. Então, o submarino pode levar os elefantes de volta para a terra deles, onde ficam seguros porque os caçadores não vão mais matar eles".

Para continuar com base em sua aprendizagem, a professora a ajudou a colocar as ideias de Carrie em um mapa mental. A professora escrevia para ela, enquanto construíam o mapa mental juntas. Carrie demonstrou e consolidou o padrão de conexões que foram feitas em sua mente, e usou as habilidades de separação e categorização. O raciocínio de Carrie foi desafiado pela atividade, e a professora conseguiu avaliar a sua compreensão enquanto construíam o mapa. Depois, ela usou o mapa para planejar atividades futuras. Usando o mapa, ela ajudou a conduzir Carrie para mais aprendizagem.

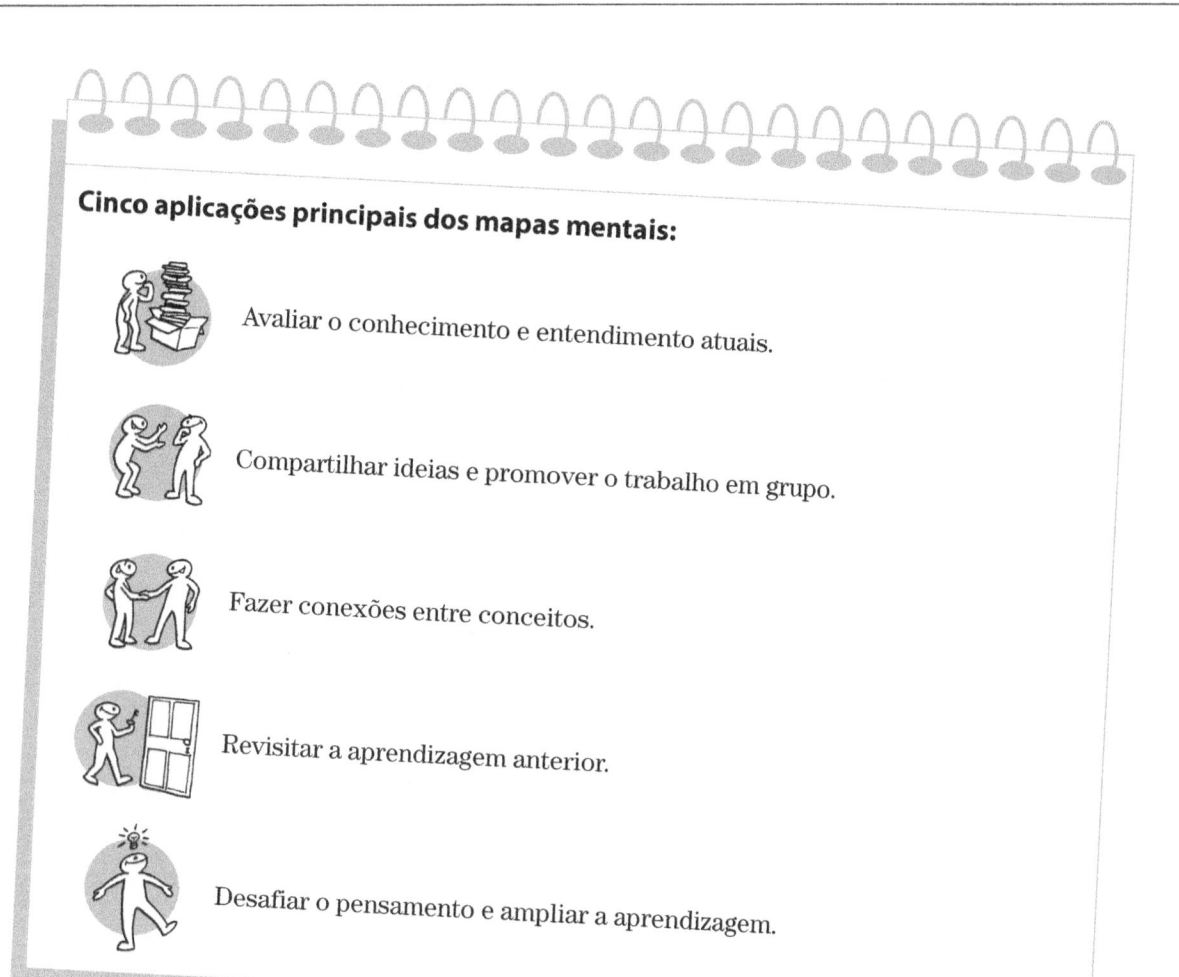

Cinco aplicações principais dos mapas mentais:

Avaliar o conhecimento e entendimento atuais.

Compartilhar ideias e promover o trabalho em grupo.

Fazer conexões entre conceitos.

Revisitar a aprendizagem anterior.

Desafiar o pensamento e ampliar a aprendizagem.

Os estudos de caso a seguir são exemplos de como os mapas mentais podem ser usados para cinco propósitos específicos:

Avaliando o atual conhecimento e entendimento

Um grupo da educação infantil vai começar um tópico sobre pequenos animais no próximo semestre. Para informar seu planejamento, cada monitora passa algum tempo desenhando um mapa mental sobre os animaizinhos com seu grupo de crianças. Eles observam que existe uma lacuna entre o entendimento e conhecimento das crianças maiores e das que acabam de entrar para a educação infantil. De fato, algumas crianças maiores sabem tanto que a sua monitora brincou com elas e começou a chamá-las de "David Attenborough"!* As professoras, então, planejaram seu tema tendo essa disparidade em mente, com algumas atividades mais difíceis criadas principalmente para as crianças maiores.

---

* N. de R. T.: Naturalista britânico que produziu e apresentou programas sobre história natural na BBC de Londres.

Compartilhando ideias e fomentando o trabalho em grupo

Uma professora da classe de adaptação trabalha com um grupo de crianças para revisar suas experiência de uma feira que visitaram no campo em frente à escola na noite anterior. A professora usa um mapa em formato de "espinha de peixe" para ajudar as crianças a usarem todos os sentidos para lembrarem da sensação de estar na feira. Juntas, elas pensam sobre o que ouviram, viram, tocaram, saborearam, cheiraram e, o mais importante, o que sentiram. A professora ajuda-as a registrar a experiência no mapa usando pincéis atômicos para fazer desenhos e escrever palavras. Depois de terminarem o mapa, ele é apresentado em um cavalete baixo, onde todas as crianças possam enxergar enquanto pintam, desenham e fazem maquetes da feira. Algumas crianças começam a fazer uma grande maquete da feira na área de tecnologia, enquanto outras fazem pequenos livros na área de produção textual. No jardim, grupos de crianças usam o mobiliário para recriar jogos e brincadeiras.

No restante da semana, as crianças continuam a trabalhar no mapa, acrescentando palavras e gravuras à medida que compartilham ideias em seus grupos. Os mapas mentais possibilitaram que elas revisitassem todas as sensações da feira, em uma situação segura. A atividade proporcionou que compartilhassem experiências, reforçassem vocabulário e compartilhassem seus sentimentos – tudo em preparação para reviverem essas experiências na variedade de atividades lúdicas disponíveis.

Um mapa mental de "espinha de peixe".

Fazendo conexões entre conceitos

Carmen tem 2 anos e meio e é fascinada por identificar e combinar objetos semelhantes. Ela entra correndo na cozinha da babá, segurando um elefantinho que trouxe de casa. Vai até uma gaveta e começa a procurar entre os guardanapos de pano, dizendo: "elefante, elefante". Ela começa a ficar frustrada enquanto procura. Carol, a babá, pergunta: "o que você está procurando?"

"Elefante, elefante", diz Carmen, ficando cada vez mais frenética. Finalmente Carol entende o que Carmen está procurando. No dia anterior, elas estavam fazendo compras, Carol comprou um guardanapo com a borda decorada com elefantinhos! Em casa, sua memória foi despertada quando ela brincou com os animais do zoológico, e ela chegou a lembrar de levar seu elefante para a casa de Carol no dia seguinte.

Carol encontrou o guardanapo, Carmen o abriu cuidadosamente sobre a mesa dizendo "elefante, elefante, elefante", enquanto andava com o elefantinho na borda do guardanapo, feliz por combinar e reforçar as duas imagens. Mais tarde, Carol encontrou um elefantinho carinhoso e elas brincaram de alimentá-lo com uma banana. Antes de Carmen ir para casa, ainda leram *O elefante e o bebê malvado*, e Carmen levou o livro e o guardanapo emprestados para casa, para mostrar aos seus pais.

Revisitando o que aprendemos

Fintan está na classe de adaptação. No outono, a classe aprendeu sobre a colheita e por que os fazendeiros usam espantalhos para proteger suas plantações. Agora estamos na primavera, e a professora planeja trabalhar com o crescimento e as plantas. Ela quer ajudar as crianças a recordar o que aprenderam antes, e começa a construir um mapa mental com elas, com as "plantas" como tema central.

Depois de alguns minutos, Fintan levanta a mão e diz: "o fazendeiro faz um espantalho". "Sim!", diz seu amigo Bruce, "pois ele consegue espantar os corvos!". As crianças começam a falar sobre corvos e a colheita e, gradualmente, entre elas, recordam o que aprenderam no ano anterior. Ao final da sessão, a professora está satisfeita porque todas as crianças lembram da maior parte do que foi tratado no ano anterior. O mapa mental está bastante detalhado e pode ser apresentado juntamente com os antigos do outono, e incrementado à medida que o trabalho do projeto avançar.

Desafiando o pensamento e ampliando a aprendizagem

Um grupo de crianças de 5 anos está preparando-se para um passeio no parque. Elas vão ao parque em todas as estações com qualquer tipo de clima, às vezes para brincar, correr e gritar, às vezes para algum fim específico. Amanhã, elas vão procurar sinais da primavera. Depois de uma conversa com a assistente de ensino, elas começam a fazer um mapa, trabalhando em grupo sobre uma grande folha de papel. O mapa é uma representação de onde podem procurar evidências da primavera. Elas desenham as características familiares do parque – os caminhos, balanços, o lago, degraus, construções e outros locais. Enquanto desenham, elas marcam os locais onde procurarão evidências. Falam sobre as plantas que crescem, folhas que surgem, pássaros e outras criaturas e começam a planejar uma rota pelo parque, para não perderem nada. Elas fazem uma lista pictórica em um canto do mapa, com coisas que poderiam encontrar no parque, e, no outro canto, uma lista de coisas que precisam levar.

A assistente de sala de aula ajuda as crianças enquanto trabalham. Ela também observa e avalia o conhecimento e entendimento delas sobre o tema em discussão, seu vocabulário e seus métodos científicos emergentes. Durante o dia, as crianças voltam para acrescentar detalhes ao mapa e coletar as coisas que devem levar. A assistente faz perguntas que desafiam a maneira como as crianças estão pensando. "Ah, quer dizer que podemos encontrar plantas lá?", pergunta, e depois pondera em voz alta: "será que elas crescem na pracinha? De que é feita a pracinha, alguém lembra?". As crianças reconsideram a ideia de que pode haver narcisos crescendo no piso. "Mas pode ter nos vasos", diz um dos garotos, desenhando vasos de flores no mapa. Na hora de ir para casa, as crianças trazem os pais para mostrar o mapa e falar dos seus planos.

Quando elas vão ao parque no dia seguinte, o mapa fica na escola, mas elas lembram exatamente o que estão procurando. Procuram, fotografam, desenham e coletam suas evidências, que acrescentam ao mapa quando retornam à escola. Outras discussões se dão após o passeio, enquanto as crianças revisitam a visita, ampliam seu pensamento com as experiências e discussões compartilhadas e usam o mapa cada vez maior como apoio para sua aprendizagem.

Boas razões para fazer mapas nos anos iniciais:

As crianças pequenas são mapeadores naturais – o mapeamento utiliza a sua inteligência natural.

Os mapas podem ser usados como instrumentos precisos de avaliação.

Um mapa mental pode tornar-se um registro do que a criança sabe e entende.

O mapa pode ser usado como ferramenta de planejamento e um método para compartilhar planos com a classe ou grupo.

Os mapas mentais podem ser revisitados para acrescentar novas conexões e conceitos.

O processo de mapear promove a aprendizagem em grupo e a cooperação.

O mapeamento ajuda as crianças a conectar conceitos que, de outra forma, seriam aprendidos de forma isolada.

Saber mapear é uma habilidade que beneficiará as crianças por toda a vida.

O mapeamento é um processo ativo, que pode estimular todos os sentidos.

Fazer mapas é divertido!

Passo 2: Aventuras nas brincadeiras

Um dos principais desafios que a professora enfrenta é como proporcionar o ambiente certo para um equilíbrio nas atividades lúdicas. Proporcionar oportunidades para brincadeiras de qualidade possibilita que as crianças desenvolvam-se do ponto de vista físico, cognitivo, emocional e social. Deve haver um equilíbrio entre as brincadeiras que são iniciativa das crianças e as que são dirigidas por adultos; entre brincadeiras em locais fechados e ao ar livre e entre os tipos de atividades lúdicas. O papel da professora é observar, interagir e promover o desenvolvimento e o enriquecimento das atividades lúdicas. A intervenção sensata é uma arte, e não uma ciência. A intervenção bem-sucedida depende da observação cuidadosa e do conhecimento dos indivíduos e grupos dentro da escola.

A professora de uma creche descreveu uma experiência que reforçou para ela a importância de permitir tempo e espaço para as crianças organizarem sua própria aprendizagem. Ela pediu para algumas crianças a ajudarem a buscar um cartaz de um agente de viagens, que tinha um elemento de dramatização. Quando retornaram, as crianças estavam sentadas em uma fila de cadeiras, olhando para a parede vazia. "O que vocês estão fazendo?", perguntou. Elas responderam "estamos no cinema, assistindo *O livro da selva*. Você pode ver, se quiser. Pegue um ingresso, é 10 centavos". O cinema foi um sucesso tão grande que permaneceu como foco para o teatrinho por vários dias, com "filmes" diferentes a cada dia, ingressos, sorvete, pipoca e lanterninhas para mostrar os assentos numerados. A experiência das crianças foi consideravelmente mais rica do que teria sido se ela tivesse ignorado as ideias delas e montado o cartaz.

Na creche, um grupo de crianças estava brincando com os carrinhos no tapete. Carrie estava por perto, fazendo uma grande construção com o Duplo®* e tentava decidir o que fazer com ele. "O que é isso?", perguntou uma das crianças do tapete. "Um posto de gasolina", respondeu Carrie, e as crianças a ajudaram a carregá-lo até o tapete. Seguiu-se uma brincadeira usando os carros e o posto de gasolina, buscando-se a caixa do Duplo® para que as crianças pudessem ampliar a brincadeira. Naquele momento, a estagiária que estava organizando a atividade de arte chegou e perguntou: "quem ainda não fez a pintura com bolhas?". "Eu", responderam três das seis crianças. Elas saíram para colocar seus aventais. A brincadeira no tapete se desfez, e Carrie e outras duas crianças foram brincar em outra parte. Uma interrupção bem-intencionada, mas inoportuna, colocou um fim em uma brincadeira independente.

Algumas razões para promover brincadeiras de qualidade

A principal razão para brincar é que, para uma criança pequena, é trabalho. Brincar é o método da criança para aprender sobre seu mundo e processar os acontecimentos da sua vida. Os estudos de caso a seguir são exemplos de como as situações lúdicas cotidianas ajudam as crianças a se desenvolverem do ponto de vista físico, intelectual, social e emocional.

Brincar ajuda as crianças a aprenderem a controlar suas emoções

Hoje pela manhã, Susie, de 20 meses, está colocando seus ursinhos de pelúcia em fila para alimentá-los. Primeiro, ela oferece uma maçã de plástico, "nhac nhac", depois um gole de água, "glub glub". Depois, ela oferece uma tigela imaginária de mingau, "não não, mim não gosta!", grita o primeiro ursinho. O mingau imaginário acaba no chão. Susie está repassando um momento do café da manhã, quando decidiu que preferia uma banana ao mingau. A mamãe não tinha bananas. Susie chorou e atirou o mingau na sua mãe. Ela ainda está contrariada, e essa brincadeira está ajudando a processar os sentimentos e entender o que aconteceu. "Banana depois", diz ao ursinho.

Sua mãe está prestando atenção e compreende que ela está trabalhando o episódio da manhã. "Sei que você ficou brava porque eu não tinha banana", ela diz, "vamos ao mercado assim que você estiver vestida, para comprar algo para o almoço?". Susie abre um sorriso. "Banana depois", ela diz. "Sim", ri a mãe, "comeremos banana depois". Ela valida os sentimentos de Susie, e a tranquiliza de que é aceitável sentir raiva, mas que é bom encontrar uma maneira de trabalhar a raiva e uma solução para o problema.

Brincar ajuda as crianças a desenvolverem independência

No momento, o jogo preferido de TJ é fugir sempre que sua mãe quer vesti-lo. Mesmo que ela fique muito frustrada com isso às vezes, as brincadeiras de TJ têm um propósito específico em seu desenvolvimento. Ele está se colocando no controle – sendo o adulto. Está explorando como é estar no controle. Quando sua mãe finalmente o convence a vestir-se, ele insiste em fazer tudo sozinho, praticando assim as atividades que vê os adultos fazerem e aprendendo a tornar-se independente na segurança da presença da mãe.

---

* N. de R. T.: Brinquedo de montar da LEGO, concebido para crianças de 1,5 a 5 anos.

Brincar ajuda as crianças a praticarem novas habilidades

George costuma dramatizar situações diversas depois que passam. Depois de um incidente na escola, em que sua monitora pediu para ele dividir os gizes de cera com as outras crianças, ele brincou de quando dividiu os livros em pilhas para si mesmo, para sua mãe e seu pai, certificando-se de que as pilhas estavam da mesma altura e que todos estavam felizes. Enquanto fazia isso, ele estava processando a experiência anterior da maneira mais natural – por meio de uma atividade lúdica prática que lhe permitia experimentar o impacto emocional que o incidente de hoje teve sobre ele. "Obrigado, George, por garantir que todos ficássemos com a mesma quantidade de livros", disse seu pai. Isso reforçou para George o conceito de que compartilhar é bom e que traz consequências agradáveis.

Brincar ajuda as crianças a compreenderem experiências passadas

Uma das brincadeiras preferidas de Kishan é brincar de "escola". À noite, ele faz uma fila com seus bichinhos de pelúcia e os envolve em rituais complicados, que são suas versões para o que os adultos fazem durante o dia. Ele dramatiza a hora do lanche, elogia quem "senta direito" e "compartilha". Conta histórias, segurando o livro de um modo que seus bonecos possam ver as figuras. Ele os conduz enquanto cantam suas versões das canções que gosta. Essa atividade faz Kishan revisitar seu dia, compreendendo e organizando o que fez.

Brincar ajuda as crianças a praticarem comportamentos

Uma das atividades preferidas de Carrie é brincar de casinha. Ela monta uma casa no jardim de casa ou da escola, convida algumas amigas para brincar, usa folhas como pratos e flores e pedrinhas como comida. Ela organiza as amigas, representando os papéis de pais com linguagem, tom de voz e ações extremamente precisos. As amigas adoram brincar com ela, pois ela é uma mímica natural, e elas morrem de rir das coisas que ela diz! Esse tipo de brincadeira possibilita que Carrie "experimente" todos os comportamentos que vê em casa e na escola – ser outras pessoas, sentir o que sentem, experimentar vozes, palavras, movimentos e relacionamentos do mesmo modo que pode experimentar os sapatos da mãe ou falar no telefone com a babá. É assim que as crianças dão sentido ao mundo, representando-o repetidamente com variações infinitas, até que consigam encaixá-lo em sua compreensão.

A definição de Tina Bruce para as 12 características importantes do brincar:

1. Nas brincadeiras, as crianças usam as experiências que têm em primeira mão na vida.
2. As crianças criam regras enquanto brincam e, assim, mantêm o controle das brincadeiras.
3. As crianças inventam adereços para as brincadeiras.
4. As crianças decidem brincar. Ninguém pode obrigá-las a brincar.
5. As crianças ensaiam para o futuro em suas dramatizações.
6. As crianças usam faz de conta quando brincam.
7. As crianças, às vezes, brincam sozinhas.
8. As crianças e os adultos brincam juntos, paralelamente, associativamente ou cooperativamente em pares ou grupos.
9. Cada pessoa que brinca tem uma agenda pessoal, mesmo que não esteja ciente disso.
10. Ao brincarem, as crianças envolvem-se profundamente e é difícil distrairem-se de sua aprendizagem profunda. Elas mergulham em sua aprendizagem.
11. As crianças experimentam sua aprendizagem, habilidades e competências mais recentes quando brincam. Elas parecem celebrar o que sabem.
12. Ao brincar, as crianças coordenam as ideias, os sentimentos e dão sentido aos seus relacionamentos com a família, amigos e com a cultura. Quando a brincadeira é coordenada, ela segue um caminho sustentado, chamado de "brincadeira em fluxo livre".[33]

Após a observação cuidadosa das brincadeiras das crianças, uma intervenção habilidosa pode enriquecer e ampliar a atividade.

A seguir, 12 maneiras em que um adulto pode intervir positivamente em atividades lúdicas:

Lembre – sempre pare e olhe o que está acontecendo *antes* de intervir. Você sempre deve entrar nas brincadeiras das crianças com delicadeza, ciente do que já aconteceu – não pressuponha que já sabe!

1. Entrar na brincadeira de casinha dizendo: "vou fazer uma torrada para mim. Mais alguém quer?". Desse modo, a professora pode demonstrar novas atividades que enriqueçam a brincadeira, sem direcioná-la.
2. Assumir o papel de garçonete, com um bloco e caneta imaginários, dizendo: "o que vai querer, madame? Gostaria de ver o menu? A senhora quer suco ou chá?".
3. Perguntar a um grupo de crianças que brinca no pátio: "vocês conseguem pensar em um modo de jogarmos futebol juntos, sem ficar uns no caminho dos outros?".

4. Perguntar a um grupo de crianças que brinca com tijolos enquanto outra criança circula ao redor: "Jason pode trazer sua escavadeira para a construção de vocês? Acho que ele precisa trazer mais areia".
5. Sentar com as crianças na caixa de areia e perguntar: "o que vocês acham que aconteceria se alguém atirasse areia?" ou "como vocês acham que o Travis se sente quando vocês tiram toda a areia?"
6. Oferecer uma cesta de canetas, pequenos cartões e giz para crianças que brincam de fazer um pequeno zoológico, para despertar o interesse em desenhar.
7. Usar óculos escuros em um dia ensolarado e deitar em uma toalha de praia com um livro, e pedir para as crianças demonstrarem interesse, perguntando: "vocês querem relaxar comigo?"
8. Deixar surpresas – como cubos de gelo na bandeja de água, lantejoulas na areia ou macarrão cru nas panelas no canto da casa.
9. Oferecer algum material simples durante a brincadeira – como pedaços de mangueiras e calhas para as crianças brincarem com cursos d'água.
10. Oferecer apoio sem assumir o controle perguntando: "você gostaria que eu segurasse isso enquanto você corta?" ou "quer que eu busque uma fita adesiva?"
11. Perguntar às crianças se pode participar da brincadeira, sugerindo que elas devem dizer qual é o seu papel e como você pode se encaixar.
12. Proporcionar tempo e espaço às crianças para seus jogos, mesmo que isso signifique reorganizar suas intenções para acomodar seus interesses.

Cubos de gelo na bandeja de água adicionam um elemento de surpresa.

Muitas vezes, os professores trabalham em condições abaixo das ideais. A lista a seguir dá sugestões para aqueles que precisam compartilhar suas acomodações com outros grupos.

A seguir, 10 maneiras de maximizar as oportunidades:

1. Deixar as crianças ajudarem a preparar os equipamentos, seguindo suas sugestões sobre o que devem levar e para onde.
2. Montar os equipamentos de maneiras diferentes e em locais diferentes.
3. Combinar equipamentos de maneiras incomuns, como colocar animais do zoológico na bandeja de água, cola de farinha com copos e pratos ou fitas e cordões com os tijolos.
4. Usar caixas e pedaços de papelão, quanto maiores, melhor! Levar para as crianças brincarem e responder se elas pedirem para você ajudar a cortar, colar, pintar ou arrumar.
5. Cortar caixas grandes, como de máquina de lavar, para fazer casas ou galpões.
6. Usar bandejas e caixas para colocar areia, brincadeiras com miniaturas ou massa de modelar. Desse modo, você pode ajudar as crianças que queiram brincar independentemente.
7. Cachecóis, redes, pedaços de tecido e chapéus tornam as roupas mais divertidas – forneça alguns prendedores de roupa para que as crianças possam prender as roupas sozinhas enquanto preparam suas vestimentas.
8. Montar uma tenda no pátio para uma área de teatro ao ar livre.
9. Usar bacias para colocar água, cola de farinha, areia ou macarrão cru.
10. Oferecer uma cesta com fantoches, um conjunto de chá e uma colcha ou uma bolsa e dinheiro. Sentar-se e observar o que acontece.

Leve as atividades internas para o pátio.

Pode ser difícil manter o equilíbrio entre atividades realizadas na sala e no pátio. Usar estratégias para combinar e relacionar atividades entre as duas áreas ajuda a diminuir essa separação para algumas crianças.

A seguir, 21 maneiras de trazer as atividades do pátio para dentro e levar as atividades internas para fora:

1. Fazer um túnel de plástico na porta, com entrada e saída pelo túnel (só para crianças).
2. Montar uma tenda perto da porta, conectada pelo túnel. Isso é bom para os dias de chuva.
3. Deixar uma cesta com giz, alguns quadros brancos e canetinhas, ou uma cesta com pranchetas para incentivar as crianças a escreverem e desenharem no pátio.
4. Fazer uma cesta de piquenique com uma colcha, pratos, copos e coisas do gênero e deixar junto à porta, para que as crianças possam montar uma casa sempre que quiserem.
5. Montar um galpão no pátio e incentivar as crianças a alternarem entre os ambientes interno e externo.
6. Colocar material para fazer placas indicativas na área de tecnologia e incentivar a criação de placas para jogos no pátio.
7. Montar uma agência dos correios na sala e uma sala de separação de correspondência no pátio.
8. Fornecer uma mangueira com dois funis e falar através dela pela janela ou outro furo na parede.
9. Estender uma colcha ou pedaços de tapete no pátio e incentivar as crianças a brincar com brinquedo de construção, livros ou quebra-cabeças.
10. Deixar uma cesta ou pote em uma mesa na sala, com uma placa dizendo: "coisas marrons aqui, por favor", ou "hoje, folhas vermelhas".
11. Colocar um cavalete ou quadro no pátio, para desenhar ou pintar.
12. Deixar lentes de aumento espalhadas pela sala e pelo pátio, juntamente com papel e canetinhas.
13. Estimular as crianças a construírem ferrovias, estradas e outras construções que conectem os ambientes interno e externo.
14. Levar mesas para fora, para leitura e desenho.
15. Incentivar as crianças a ficarem à vontade para levar os equipamentos para o pátio.
16. Trazer folhas, gravetos e pedrinhas para as crianças olharem na sala.
17. Incentivar as crianças a usarem livros de referência para pesquisar sobre aves, insetos ou animais.
18. Fazer abrigos, casas, galpões e tocas na sala e no pátio.
19. Disponibilizar botas e roupas impermeáveis para que as crianças possam sair todos os dias.
20. Olhar a rua todos os dias – o clima, os pássaros ou pessoas passando.
21. Cultivar plantas, sementes e bulbos na sala de aula ou outros locais fechados da escola.

As crianças adoram imitar a vida real em suas brincadeiras, o que as ajuda a compreender o mundo e processar as experiências. Fornecer materiais reais ajuda a tornar as dramatizações realistas e mais gratificantes.

Materiais da vida real que promovem brincadeiras de qualidade:
- Telefones celulares ou sem fio, sem a bateria.
- Pedaços de tecido, cachecóis, chapéus, bonés e outras roupas reais para fantasiarem-se.
- Talheres e louça de cerâmica para brincar de casa.
- Eletrodomésticos, sem os fios e baterias.
- Furadores e suporte de fita adesiva na área de escrita.
- Calculadoras para fazer contas de verdade.
- Ferramentas reais (pequenas, se possível) para jardinagem ou marcenaria.
- Pincéis de decoradores para pintar com tinta, água ou pasta.
- Aventais de proteção e capacetes.
- Canetinhas finas, canetas esferográficas e de gel.
- Pranchetas para tomar notas e fazer contagens.
- Instrumentos musicais.
- Antiguidades.
- Armações de óculos sem as lentes, perucas, crachás, sobretudos, bolsas, sacolas e malas.
- Caixas, cestas e potes.
- Pequenas sacolas e mochilas.
- Adesivos e blocos de notas autocolantes.
- Formulários, envelopes, folhetos publicitários, jornais e revistas.

Muitas professoras sofrem pressão para que reduzam as oportunidades de brincadeiras de qualidade para as crianças sob seus cuidados. Os princípios a seguir devem ajudá-la a manter-se comprometida com um currículo centrado na criança.

Monitore seu planejamento para as brincadeiras:
- Certifique-se de que a sua agenda não ignora a necessidade das crianças de brincar e experimentar as coisas em primeira mão.
- Não deixe a pressa do novo currículo superar a necessidade de tempo para brincadeiras de qualidade.
- Não deixe as demandas do novo currículo esgotarem o tempo para brincadeiras de qualidade.
- Não ceda à pressão "de cima" de colegas que não entendem a importância de brincar na educação infantil.

Passo 3: Maximizando a aprendizagem por meio da música

A música constitui uma parte muito importante de qualquer currículo de educação infantil. Geralmente, qualquer música que seja um "bom" exemplo é adequada para usar com crianças pequenas. Nos últimos anos, houve muitas afirmações irreais de que a música torna as crianças mais inteligentes, elevando seus QIs. Estudos científicos mostram que a exposição à música pode melhorar o desempenho em testes, e pode levar a melhoras, por exemplo, em habilidades matemáticas. O fato de ouvir Mozart não torna uma criança brilhante automaticamente. Devemos usar a música de várias maneiras para enriquecer e promover a aprendizagem, sem fazer pressão para que as crianças tornem-se mini-Mozarts. As crianças, assim como os adultos, gostam de ouvir músicas conhecidas repetidamente. Podemos usar a música em certos momentos do dia para indicar uma atividade, para tranquilizar, relaxar ou energizar e animar as crianças. A música também pode ser usada para estimular a discussão, ensinar conceitos e criar a atmosfera certa para a aprendizagem.

É importante criar uma "discoteca" ou lista de músicas, como ópera, pop, filmes, clássica, jazz, dança e *world music*. Muitas professoras marcam alguns CDs com adesivos com os números das faixas boas, ou mantêm um caderno com os CDs e pedem para as crianças trazerem suas músicas preferidas de casa para adicionarem à coleção. É ilegal copiar as gravações, mas pedir o CD emprestado ajuda a fazer uma "lista de desejos" com músicas para comprar no futuro. Os recursos da internet para baixar músicas em MP3 tornaram mais fácil do que no passado construir uma boa e variada coleção de músicas para usar com as crianças.

Fato fascinante

Em 1998, Zell Miller, governador da Geórgia, nos Estados Unidos, propôs destinar mais de U$ 100.000,00 para a criação de um CD de música clássica, intitulado *Build your Baby's Brain Through the Power of Music* ("Construa o cérebro do seu bebê através do poder da música"), a ser distribuído gratuitamente para mães de novos bebês no estado, ainda que ninguém tenha determinado realmente que isso aumenta o QI.[34]

Fato fascinante

Em outubro de 2009, depois de ameaças de um processo coletivo por grupos de consumidores, a Walt Disney Company anunciou que reembolsaria integralmente os pais que compraram alguns dos seus DVDs dos mini-Einsteins (personagens infantis), em que bebês são expostos a música clássica juntamente com imagens de brinquedos e animais. O New York Times informou que os DVDs *"podem ser uma ótima babá eletrônica, mas os reembolsos inusitados parecem ser uma admissão tácita de que não aumentam a inteligência do bebê"*.[35]

Uma preparação cuidadosa pode ajudar professoras com menos experiência musical a evitarem o erro dessa professora da classe de adaptação:

Na primeira vez em que conduzi uma assembleia, achei que tinha preparado tudo, até o último detalhe. Eu estava muito nervosa, pois, naquele estágio, as crianças do 1º e 2º anos me pareciam enormes! Eu tinha pego alguns CDs da coleção da escola e selecionei o que achava que era uma música bastante calma e tranquilizante para tocar no começo e no fim da assembleia. Infelizmente, não pensei em ouvir toda a música. Pior ainda, a classe do 2º estava atrasada, de modo que estávamos no meio da faixa antes de todos sentarem.

Foi aí que descobri que a música não era toda calma e tranquilizante – ela acelerava e tornava-se bastante enérgica e estrondosa. Quando estava pronta para começar a assembleia, havia 80 crianças sentadas à minha frente prontas para levantar e dançar. Aprendi duas lições naquele dia: primeira – que as crianças são profundamente afetadas pelo som da música, segunda – sempre escute a faixa inteira antes de usá-la para qualquer propósito. Posso rir disso agora, mas, na ocasião, fiquei mortificada. Felizmente, minhas colegas foram muito bacanas e me contaram sobre os seus embaraços como professoras recém-formadas, fazendo com que eu me sentisse melhor!

Uma mãe contou a história da introdução do seu filho à música clássica:

Durante a gravidez, eu estava trabalhando sozinha em casa em um projeto que exigia concentração total. Notei que, se trabalhasse ouvindo certas músicas clássicas, como Mozart, conseguia me concentrar melhor no trabalho. De maneira nenhuma eu sou uma "fã" de música, mas, ao final da gravidez, conhecia uns cinco ou seis CDs. Minha professora de yoga recomendou que as mulheres da classe usassem músicas conhecidas para ajudá-las a relaxar durante o parto e, assim, meu filho Aiden nasceu ao som de Mozart.

Seu parto foi sereno e calmo. Não pensei muito na música, até que meu marido colocou um CD para tocar na manhã seguinte. Eu estava segurando Aiden no colo e fiquei surpresa ao vê-lo virar a cabeça para a música imediatamente. Depois, experimentamos tocar CDs que eu ouvia regularmente e alguns desconhecidos. Aiden definitivamente preferia as músicas familiares: ele se acalmava se estava irritado, ao passo que os desconhecidos tinham pouco efeito. Entendi que não era apenas eu que estava ouvindo Mozart durante aqueles nove meses – eu tinha ajudado a desenvolver as habilidades auditivas do meu filho mesmo antes de ele nascer.

Orientação geral

No livro *Music in the Early Years* ("Música nos Primeiros Anos")[36], Susan Young e Joanne Glover dão algumas orientações sobre como escolher músicas, além de dicas para selecionar e usar músicas para crianças pequenas.

Escolhendo músicas para crianças pequenas:

- As crianças podem ouvir músicas de tamanhos diferentes, dependendo da familiaridade e do gosto.
- As crianças geralmente estão abertas para músicas que os adultos consideram difíceis. Elas não têm uma definição clara sobre o que é/não é música.

- As crianças costumam gostar de músicas com um elemento "forte": uma melodia/instrumento solo/voz claros; batida forte; dinâmica suave ou sons "divertidos".
- Não devemos esperar que as crianças "gostem" de música porque achamos que elas devem gostar.
- Não devemos esperar que as crianças enxerguem ou entendam a visão do compositor. Às vezes, espera-se isso com certas músicas comuns, como *Pedro e o Lobo*, *Os Planetas* ou *O Carnaval dos Animais*. Porém, elas podem falar sobre suas "imagens" e aprender sobre as intenções do compositor.

Selecionando e usando músicas com crianças pequenas:
- Escolha músicas com um timbre vívido (uma única voz, um ou dois instrumentos contrastantes) de várias épocas, locais e culturas.
- Escolha músicas com melodias e ritmos claros.
- Se usar pequenos trechos de uma música, aumente e diminua o volume gradualmente no começo e no fim, para que as crianças saibam que a música é maior. As crianças pequenas podem ouvir e gostar de músicas longas, quando as conhecem bem.
- Use vários tipos de músicas. Use a música que gosta, mas adicione alguns tipos diferentes, e descubra o que as crianças ouvem em casa e na comunidade.
- As crianças não precisam de imagens ou histórias para gostarem de música. "Elas não têm problemas com ouvir a música apenas como música."

Ouvir música traz as seguintes oportunidades:
- Conhecer a música.
- Falar sobre respostas individuais à música.
- Movimentar-se ao som da música.

Isso levará a:
- Audição cuidadosa, concentração e atenção.
- Acompanhar a música e notar mudanças.
- Lembrar o que foi ouvido.
- Responder à música com palavras, representações e música.

Tipos diferentes de música para usar na educação infantil

Música clássica

"Clássica" é uma palavra que costuma ser usada para descrever a música composta na Europa, na Austrália e nas Américas, que não seja música folclórica ou popular, embora possa ser baseada nessas tradições ou tomar elementos emprestados delas. A partir do século XIX, a música começou a ser composta para representar uma história ou imagem. Porém, esse tipo de música deve ser usado com cuidado, pois a melodia de muitas músicas orquestrais divide-se em partes, e as crianças pequenas talvez tenham dificuldade para se envolver com ela. Usar músicas com um forte elemento de ritmo ou melodia é uma boa maneira de começar na música clássica.

Música popular

As crianças geralmente gostam da atual música popular e conhecem os "ídolos pop" desde muito cedo, como os vencedores de *reality shows* da televisão. Elas conhecem as letras das músicas e algumas sabem os passos para dançar, que podem aprender ou ensinar umas às outras. A música popular, com suas repetições, pode desenvolver o movimento e o conhecimento de vocabulário, e a professora pode ensinar as ações. Algumas bandas do passado também tornaram-se populares, como os Beach Boys ou os Beatles.

Música de outras culturas

As crianças respondem bem a músicas com uma boa batida, mesmo que os ritmos sejam complexos. Elas gostam de movimento, por exemplo, ao som de música latino-americana, africana, da Ásia e do Caribe, bem como música *fusion*, a música popular que funde *world music*, como *Afro Celt Sound System*.

Música do cinema

As trilhas sonoras de filmes costumam ser populares e oferecem a oportunidade de aprender palavras e criar movimentos. Um exemplo seria usar *Let's Go Fly a Kite*, de *Mary Poppins*, com as crianças usando fitas para fazer formas no ar. Ocasionalmente, os filmes usam músicas com conexões "clássicas", que pode ser uma boa maneira de introduzir música clássica. Por exemplo, *If I Had Words*, do filme *Babe*, baseia-se no último movimento da *Sinfonia N° 3 para Órgão*, de Saint Saëns.

A seguir, 15 momentos e lugares para usar gravações de músicas:

A primeira coisa pela manhã, quando as crianças chegam.

Quando as crianças reúnem-se no tapete para momentos em grupo.

Antes de brincar no pátio.

Antes do almoço, ouvir uma música que está tornando-se familiar.

Em uma aula de dança ou música, para movimentar o corpo, as mãos ou para ouvir deitado.

Usando fones de ouvido, no canto da música.

Durante sessões de trabalho, como fundo ou estímulo.

Na hora da história, antes, depois ou em vez da história.

Como estímulo para pintar ou desenhar.

Como trilha sonora para dramatizações.

Como parte de uma sessão de audição, para estimular a imaginação e a discussão.

No pátio, para ouvir em silêncio ou estimular o movimento.

Na hora de arrumar e guardar.

Como aviso de que o final de uma atividade ou período de tempo aproxima-se.

Após o almoço ou um passeio, para ajudar a retomar o foco e acalmar.

Tipos de música para a sua coleção:

- Música lírica calma para relaxar as crianças, como baladas, clássicos calmos ou instrumentais.
- Música alegre e vivaz para animar as crianças, como marchinhas, música dançante ou salsa.
- Músicas simples e facilmente reconhecidas para indicar o começou ou o fim de uma atividade, como temas de filmes e séries de televisão, jingles publicitários, rimas e cantigas de ninar.
- Música para demarcar o tempo necessário para uma tarefa, como músicas clássicas curtas ou músicas do cinema.
- Música para celebrar realizações, como fanfarras, música do circo, ópera ou canções populares.
- Canções que ensinem certas habilidades, como rimas com números ou o alfabeto.
- Música para adicionar ações, palmas, sapateado, estalar os dedos, como *jazz* ou música dançante animada.

Músicas clássicas úteis:

- *Sonho de uma noite de verão* – Mendelsohn.
- *Cassação em sol (Sinfonia Brinquedo)* – atrib. Leopold Mozart.
- "*Clog Dance*", de *La Fille Mal Gardée* – Herold.
- "*A gruta de Fingal*" da *Abertura das Hébridas* – Mendelssohn.
- *Microcosmos* (trechos) – Bartok.
- *Dança Norueguesa n°. 2* – Grieg.
- *Peer Gynt* – Grieg.
- *O trenzinho do caipira* – Villa-Lobos.
- *O quebra-nozes* – Tchaikovsky.
- *O aprendiz de feiticeiro* – Dukas.

Passo 4: Ensinando e aprendendo pelo movimento

As crianças pequenas precisam interagir com o mundo de um modo físico, e precisam de muitas oportunidades para exploração e movimento. Existem razões fisiológicas para isso. o movimento aeróbico aumenta o suprimento de oxigênio para o cérebro. O movimento também reduz o estresse. Também existem evidências de que tipos específicos de séries organizadas e controladas de movimentos translaterais, chamadas Brain Gym®, podem ajudar a aprendizagem, conectando os hemisférios do cérebro e fortalecendo as vias neurais. A necessidade de as crianças mexerem-se enquanto aprendem foi reconhecida com o desenvolvimento de programas fonéticos como *Jolly Learning* (abordagens multissensoriais) e *Letters and Sounds* (Letras e Sons).

Kishan é um aprendiz bastante cinestésico. Ele é animado e muitas vezes impetuoso, geralmente escolhe fazer brincadeiras físicas no pátio. Ele demonstra mais interesse por atividades que envolvam uma abordagem prática do que as que exigem olhar e ouvir. Por exemplo, Kishan gosta muito de fazer mapas mentais em 3D, em que pode reunir artefatos, imagens e rótulos e manipulá-los fisicamente. Esse método de trabalho lhe serve muito mais do que um mapa mental em papel ou no quadro branco. Sua professora lhe dá muitas oportunidades para fazer movimentos físicos durante a aula. Embutindo atividades práticas e movimentos, ela está abordando o seu estilo natural de aprendizagem, enquanto também o ajuda a desenvolver gradualmente melhores habilidades em aprendizagem visual e auditiva.

Uma professora contou uma história sobre como teve que criar mais oportunidades para movimentos físicos quando assumiu uma classe de adaptação:

Sempre lecionei no Estágio 2, mas passei a lecionar para o Ano 2 para suprir uma licença-maternidade. Achei que seria apenas em curto prazo, mas fiquei surpresa ao notar que realmente gostava das crianças menores. Quando minha diretora me perguntou se eu estaria disposta a assumir uma turma de adaptação em setembro do ano seguinte, fiquei animada, ainda que um pouco apreensiva.

A primeira coisa que aprendi foi que, embora preparasse intervalos de repouso para o cérebro e atividades práticas para minhas classes maiores, com essas crianças pequenas, eu tinha que trabalhar da base da experiência prática e depois criar maneiras de verbalizar e registrar a aprendizagem. A atividade física é a base da aprendizagem, e não algo "a mais". Em seguida, entendi que deveria ter feito mais atividades práticas com minhas classes maiores. Se retornar ao Estágio 2, essa é uma lição que vou levar comigo.

A seguir, 12 atividades de repouso para o cérebro:

1. **Giro do helicóptero** *(faz mexer o fluido no ouvido)*:
   Fique em pé com os braços abertos. Gire em uma direção, contando até 10. Gire na direção oposta, contando até 10.

2. **A coruja** *(movimento lateral que alivia o estresse e melhora a coordenação entre mãos e olhos; particularmente bom para atividades motoras finas)*:
   Cruze um braço para colocar a mão no ombro oposto e pressione. Vire a cabeça na direção do mesmo ombro. Respire fundo e puxe os ombros para trás. Vire a cabeça para olhar sobre o ombro, mantendo o queixo parado e seguindo com os olhos. Volte a cabeça ao centro. Baixe-a até o peito e respire fundo, fazendo "fuuu" ao expirar. Repita com o outro braço e ombro.

3. **Tire uma palavra** *(desenvolve a "fala interior" e ajuda as habilidades de compreensão e leitura)*:
   Escolha qualquer canção familiar que tenha repetição, como *Cai, cai balão*, e explique para as crianças que vão praticar a canção dentro e fora da cabeça. Escolha uma palavra que deve ser cantada mentalmente, como "balão". Cante a canção uma vez com todas as palavras. Cante a canção sem a palavra escolhida. Cante toda a canção novamente.

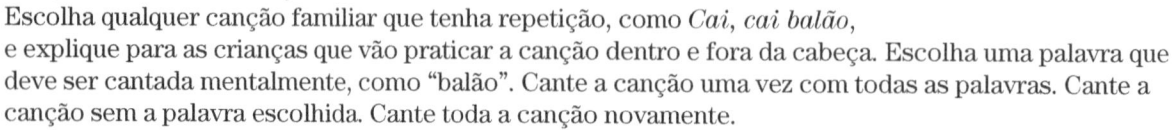

4. Agitar o corpo *(bom como repouso ou energizante para o cérebro)*:
   Agite as mãos vigorosamente. Acrescente os ombros, braços, quadris, pernas e pés. Acompanhe com o som que é feito quando as bochechas e os lábios estão relaxados e são sacudidos.

5. A voz *(estimula e aumenta o oxigênio no cérebro; boa preparação para a concentração)*:
   Fique em pé e forme um círculo. Dê três suspiros altos usando o som "ah" e expirando a cada vez. Escolha um tom médio e mantenha-o usando "ah", contando até 10. Mude para um som agudo e o som "ee", contando até 10 (respirando quando necessário). Mude para um som grave "ooo", contando até 10. Deixe as crianças escolherem o som e o tom, trocando livremente de tom para tom e de som para som, contando até 20. Gradualmente, aumente o tempo para cada parte do exercício.

6. Caminhões de bombeiro *(bom como repouso para o cérebro ou energizante)*:
   Cante "ah" com a voz o mais baixa que conseguir. Suba o máximo que conseguir. Desça novamente. Repita quatro ou cinco vezes.

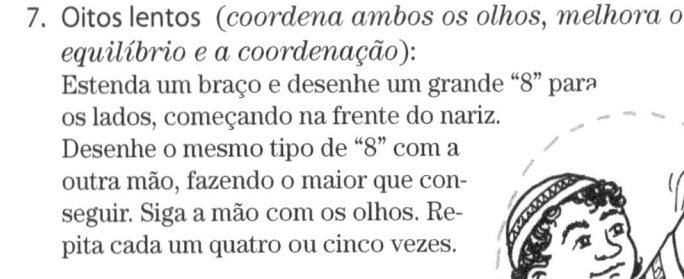

7. Oitos lentos *(coordena ambos os olhos, melhora o equilíbrio e a coordenação)*:
   Estenda um braço e desenhe um grande "8" para os lados, começando na frente do nariz. Desenhe o mesmo tipo de "8" com a outra mão, fazendo o maior que conseguir. Siga a mão com os olhos. Repita cada um quatro ou cinco vezes.

8. O pêndulo *(relaxa os músculos depois de sentar, melhora o equilíbrio e a coordenação, aumenta a taxa respiratória)*:
   Fique em pé e relaxe os joelhos levemente. Deixe a mão e os ombros caírem para a frente. Balance lentamente para a esquerda e a direita, como um pêndulo. Repita até cinco vezes, depois eleve o corpo lentamente. Experimente fazer isso em pé, com as pernas cruzadas nos tornozelos, com crianças com bom equilíbrio.

9. Joelho de abelha *(atividade lateral)*:
   Fique em pé com as pernas separadas e um pouco dobradas. Coloque as mãos sobre os joelhos. Mexa os joelhos juntos e, quando se tocarem, mude as mãos para os joelhos opostos. Volte as mãos ao separar os joelhos. Repita várias vezes.

10. **Esfregue a barriga** (*concentração e foco*):
    Fique em pé. Esfregue a barriga com uma mão e bata na cabeça com a outra. Continue contando até 20. Troque as mãos e repita.

11. **Formas secretas** (*aprendizagem sensorial, concentração, habilidades motoras finas*):
    Em dupla: uma criança desenha nas costas da outra (uma forma, letra ou figura). O outro adivinha o que é. Troca e repete.

12. **Dedos divertidos** (*controle motor fino, coordenação mão-olho*):
    Faça uma oca com as mãos em frente ao rosto. Levante cada par de dedos e separe-os, um de cada vez.

Rimas e cantigas de ação que podem ser usadas para repousar o cérebro:
- *Cabeça, ombro, joelho e pé.*
- *A canoa virou*
- *A carrocinha*
- *Ai, eu entrei na roda*
- *Alecrim*
- *Atirei o pau no gato*
- *Balaio*
- *Boi da cara preta*
- *Borboletinha*
- *O sapo não lava o pé*
- *Cachorrinho está latindo*
- *Capelinha de melão*
- *Carneirinho, carneirão*
- *Cirandinha*
- *Dona aranha*
- *Fui ao Tororó*
- *Indiozinhos*
- *Panelinha*
- *Meu limão*
- *O balão vai subindo*
- *Onde está a margarida?*
- *Passa, passa gavião*

Passo 5: O lugar da tecnologia

> *O investimento das escolas em computadores e outras parafernálias eletrônicas – pelo menos 55 bilhões de dólares nos EUA apenas na década de 1990 – não teve um impacto perceptível e, apesar das palavras lisonjeiras dos fabricantes de programas e do otimismo dos políticos, os padrões não melhoraram muito.*
>
> Sue Palmer[37]

Ensine as crianças a usar o cronômetro para marcar o tempo.

Existem muitas aplicações para a tecnologia que são apropriadas para a educação infantil, além de computadores e equipamentos de alta tecnologia. Autores e pesquisadores como Jane Healy orientam como monitorar o uso da tecnologia para garantir que ela seja usada para incentivar comportamentos voltados para a aprendizagem. As crianças devem desenvolver competência no uso de vários tipos de tecnologias, enquanto desenvolvem as habilidades essenciais que lhes possibilitem agir independentemente dela quando necessário. Pode-se fazer isso aproveitando as oportunidades cotidianas para usar a tecnologia, como deixar as crianças ligarem a lava-louça, tirarem fotografias com a câmera digital ou ensinando-as a usar o cronômetro para marcarem o tempo quando andam de bicicleta, além de uma abordagem mais estruturada do uso do computador.

Uma líder da educação infantil descreveu sua preocupação com o fato de seu grupo de alunos não ter acesso a um computador e de as crianças sob seus cuidados estarem perdendo um aspecto importante da educação básica:

Quando os pais vêm visitar a escola com a intenção de matricular seus filhos, eles invariavelmente perguntam sobre o computador. Enquanto a creche que fica mais adiante aqui na rua tem uma variedade impressionante de tecnologias, nós ainda somos um pouco limitadas, principalmente por causa das verbas, mas também devido à falta de lugar e segurança para equipamentos caros.

Sempre soube que não temos o que muitas outras escolas oferecem. Então, um dia, uma família visitou a escola com seu filho de 3 anos. O pai me disse que era um engenheiro de computação, de modo que fiquei esperando a pergunta inevitável de como usávamos a tecnologia, mas ela não veio. Aquilo me deixou confusa e, quando a família estava para ir embora, comentei que ele não tinha me perguntado sobre tecnologia e computadores.

Ele me olhou, surpreso, e disse que tecnologia envolve mais do que computadores. E apontou algumas maneiras em que viu crianças usando tecnologia durante a visita: as crianças estavam usando o gravador e fones de ouvido para ouvir histórias na área dos livros; o grupo de culinária que ajudou a preparar o temporizador do forno e a criança que ligou a música na hora de arrumar. Depois disso, fiz uma lista das maneiras em que as crianças do nosso grupo usavam a tecnologia regularmente, incluindo-a em nosso pacote de informações para novos pais.

Os grupos de educação infantil de George às vezes visitam a classe da creche da escola, onde usam a *Roamer Turtle** e programas simples de desenhar no computador. Essa é uma experiência nova e desconhecida para George, cuja família não tem computador. Todavia, sua amiga Jo usa o computador da sua mãe de várias maneiras desde que era muito pequena, e sabe produzir desenhos, editá-los e imprimi-los independentemente. As professoras da educação infantil têm o cuidado de monitorar os pares de crianças que trabalham juntas, por causa dessa grande variedade de habilidades dentro do grupo. George aprende com Jo, e ela escuta sua monitora, que sugere que ela mostre a George o que fazer, em vez de tomar o controle da atividade.

Esse método de permitir que uma criança ensine a outra mostrou-se bastante efetivo e é usado pela equipe da educação infantil. Todavia, ainda ficaram surpresas com as atitudes de George quando o aparelho de CD não funcionou. George pegou o controle remoto com sua monitora, abriu a tampa e tirou as pilhas. Então, pediu pilhas novas, que instalou cuidadosamente nas posições certas, enquanto explicava o que estava fazendo para sua monitora. Ele pressionou "Play", e a música começou. George conhecia e tinha habilidades em tecnologia que a sua amiga Jo e mesmo algumas professoras provavelmente não tinham.

Fato fascinante

Antes dos 5 anos, as crianças não conseguem separar os fatos da ficção, por exemplo, quando assistem televisão. Aos 7 anos, a maioria começa a entender a diferença entre a aparência e a realidade. Todavia, esse desenvolvimento está inversamente relacionado à exposição da criança à televisão – quanto mais assiste, menos consegue discriminar. Algumas crianças ainda acreditam que o computador está "vivo" aos 8 ou 9 anos.[38]

---

* N. de R. T.: Robô de brinquedo, que anda, desenha, toca música e é capaz de outras atividades, dependendo do modelo. Projetado para auxiliar na educação infantil.

Fato fascinante

Um estudo sobre crianças como consumidores mostrou que, até terem pelo menos 8 anos, as crianças não entendem a diferença entre propaganda e a transmissão normal da televisão. A pesquisadora dra. Caroline Oates, da Universidade de Sheffield, relatou à Sociedade Britânica de Psicologia, em 2002, que, até a idade de 8 ou mesmo 10, as crianças raramente entendem a intenção das propagandas. Antes dos 8 anos, muitas pensam que as propagandas são mostradas apenas para dar uma folga aos telespectadores e também para proporcionar um descanso aos personagens da televisão.[39]

A seguir, 24 maneiras de introduzir as crianças às TIC sem o uso do computador:

1. Ensinar as crianças a ajudarem a preparar relógios e despertadores para atividades cronometradas.
2. Fornecer gravadores, como as Talking Tins (latas falantes), dispositivos de gravação úteis que auxiliam as crianças de todas as idades a desenvolver a fala e a compreensão verbal, e ensinar as crianças os usarem independentemente.[40]
3. Permitir que as crianças usem o telefone com supervisão, para fazer ligações ou enviar mensagens.
4. Permitir que as crianças ajudem a preparar o micro-ondas, a lava-louça e a máquina de lavar roupa.
5. Criar um equilíbrio nas aulas de culinária entre fazer coisas com a mão e usar aparelhos modernos.
6. Fornecer equipamentos para dramatização no canto da casa, como telefones, celulares sem bateria ou controles remotos.
7. Permitir que as crianças brinquem com equipamentos, por exemplo, teclados desconectados de computadores velhos, secadores de cabelos e torradeiras sem os fios.
8. Ajudar as crianças a desmontar e remontar equipamentos velhos, como rádios ou aparelhos de CD. 
9. Trazer um aparelho de karaokê e deixar as crianças divertirem-se com ele.
10. Indicar o uso da tecnologia em situações cotidianas, como balanças ou o leitor de preços do supermercado.
11. Fornecer brinquedos como carrinho de controle remoto ou robôs para brincadeiras ocasionais.
12. Pedir para as crianças ajudarem a programar o temporizador/relógio do DVD.

TIC = Tecnologia de Informação e Comunicação

caixa do cérebro

13. Estimular as crianças a tirar fotografias digitais ou ajudar com uma câmera de vídeo em ocasiões importantes.
14. Envolver as crianças em situações da vida real em que se usa a calculadora e explicar o que está fazendo.
15. Fornecer calculadoras para as crianças usarem nas brincadeiras, por exemplo, ao brincarem de "compras".
16. Pedir para as crianças ajudarem em tarefas cotidianas, como o uso do controle remoto ou o aparelho de MP3, para ligarem a música para a hora de arrumar.
17. Fazer uma caminhada da tecnologia para ver o que encontram, como luzes das ruas, câmeras, portas automáticas, parquímetros, caixas eletrônicos, telefones, antenas parabólicas e bombas de gasolina.
18. Usar um relógio com despertador para cronometrar atividades.
19. Usar um retroprojetor ou um quadro interativo para projetar imagens na parede e nas telas.
20. Quando comprar novo material para dramatização, selecionar os modelos atualizados, mesmo que não funcionem, como telefones sem fio, em vez dos modelos com fio e micro-ondas, em vez de fornos tradicionais.
21. Usar balanças eletrônicas, do tipo de banheiro, para pesar pessoas e brinquedos.
22. Envolver as crianças em fazer uma apresentação de *PowerPoint*.
23. Usar uma câmera digital para fazer livros e sequências de imagens de experiências recentes, ou colocar uma série de fotografias em um porta-retrato digital.
24. Fazer um álbum de equipamentos que tenham mostradores digitais ou botões. Usar material publicitário e catálogos para encontrar fotografias.

Use todos os tipos diferentes de tecnologia.

Diretrizes para alunos da educação infantil que usam computadores:

Se você tem acesso a computadores e a política da sua escola é usá-los, estas diretrizes do livro de Jane Healy[41] são uma base útil para monitorar o seu uso.

- Iniciar as crianças muito cedo no computador é muito pior do que iniciá-las muito tarde.
- Uma criança deve entender a relação de causa e efeito de mover o *mouse* ou tocar a tela para obter uma reação antes de começar a usar o computador.
- Procurar programas que façam a criança sentir-se independente.
- Não usar atividades repetitivas de matemática e fonéticas, preferindo resolução de problemas interativa e usos mais livres.
- Desestimular a criança a clicar impulsivamente. Interromper o programa ocasionalmente para incentivar a criança a falar sobre o que está acontecendo, o que está fazendo e o porquê.
- Complementar o uso dos olhos com o uso das mãos. Procurar experiências da vida real que ampliem e complementem as virtuais.
- Ajudar a criança a entender como o computador funciona e o que está acontecendo enquanto ela manipula o programa. Deixe que veja como você conecta o computador, a impressora e outros periféricos. Enfatize que as pessoas controlam o computador, e não o contrário.
- Não deixar o tempo de tela substituir o tempo da soneca e não espere que os livros em CD-ROM substituam a leitura interativa com adultos.
- Eliminar o uso de desenhos prontos se deixar seu filho usar ferramentas digitais de desenho.
- Avaliar as qualidades estéticas dos programas, incluindo, é claro, CD-ROMs.
- Se seu filho entrar na internet, supervisioná-lo de perto.
- Sempre que possível, fazer do uso do computador uma experiência social, colocando duas cadeiras junto ao aparelho e estimulando a conversa e cooperação com amigos, irmãos e adultos.
- Se o seu filho começar a apresentar sinais de vício em computador, diminua ou limite o tempo em frente ao computador e certifique-se de que existem atividades alternativas.
- Não esquecer que o melhor ambiente interativo e com meios múltiplos é o mundo real.

Faça do uso do computador uma experiência social sempre que possível.

A seguir, 21 perguntas a fazer ao avaliar o uso de computadores em sua escola:

1. Todos os programas são avaliados antes de serem usados?
2. Os programas realmente desenvolvem as habilidades alegadas pelos fabricantes, ou são "vazios de aprendizado real"?
3. Os programas são rápidos ou lentos demais?
4. As crianças são estimuladas a pensar antes de responder?
5. O que acontece se uma criança responder de maneira impulsiva?
6. De que maneira as respostas refletidas são recompensadas?
7. Como as crianças sabem se suas respostas foram apropriadas?
8. A criança pode ser recompensada por tentar adivinhar a resposta?
9. Os programas incentivam o uso independente pelas crianças?
10. Os adultos tentam conhecer os programas antes das crianças usarem?
11. Os adultos têm as habilidades necessárias para ajudar as crianças com as TIC (Tecnologias de Informação e Comunicação)?
12. Promovemos as TIC como uma ferramenta positiva e interessante, ou uma coisa assustadora e "masculina"?
13. As cadeiras para crianças e adultos têm a altura certa? (As crianças devem sentar com os pés no chão, olhando diretamente para a tela à sua frente.)
14. Os computadores têm memória suficiente para rodar programas sem travar ou funcionam de forma tão lenta que as crianças ficam frustradas?
15. O *mousepad* é grande o suficiente?
16. Consideramos o uso de alternativas, como *trackballs* e *mouses* menores para mãos pequenas?
17. Procuramos programas que sejam interativos e estimulem o raciocínio?
18. Ensinamos as crianças a ajustar o volume da música e da voz, para que possam ouvir sem perturbar os outros?
19. Oferecemos fones de ouvido para as crianças usarem com o computador e permitir que se concentrem?
20. Pedimos às crianças para fazerem comentários nos momentos em grupo, conferindo *status* das TIC na discussão?
21. Mostramos às crianças maneiras simples de registrar o tempo gasto usando as TIC, como tabelas, quadros ou rótulos de velcro?

Os perigos da sobrecarga de informações e da sobregarga emocional

O mundo atual é muito diferente daquele em que a maioria dos adultos cresceu. A internet rápida significa que temos acesso a informações de um modo que não seria imaginável há 20 anos. A televisão nos aproxima de diferentes países e estilos de vida que, no passado, eram distantes demais para parecerem reais. As crianças sabem mais sobre o mundo fora de suas casas do que podemos imaginar, e muitas vezes nos surpreendem com suas demonstrações desse conhecimento.

De muitas maneiras, esse conhecimento e entendimento precoces do mundo podem ser positivos. Porém, em muitos casos, a informação livremente disponível pode ser inadequada para a idade e fase do desenvolvimento da criança, e isso pode causar confusão ou ansiedade. Autores educacionais bem-intencionados criam programas de televisão, jogos de computador e atividades que ensinam às crianças sobre os perigos para o nosso planeta e para elas mesmas, visando incentivá-las a serem cidadãos responsáveis e prudentes. Infelizmente, o resultado é que as crianças, muitas vezes, sentem-se apavoradas e impotentes, em vez de esclarecidas e fortalecidas.

As crianças não devem ser sobrecarregadas. Ao contrário, elas devem ter maneiras práticas de contribuir para a sua comunidade. Isso as fortalece, fazendo com que sintam que realmente podem contribuir e ter um grau de controle sobre suas vidas.

A professora de Samantha notou que a sua classe estava enchendo pelo menos um cesto de lixo todos os dias, com restos de lanches, doces e materiais usados na culinária. Ela criou um sistema de compostagem, em que as crianças esvaziariam seus pratos nos contêineres certos e ajudariam a levar o material para a composteira. Com o tempo, elas observariam o material degradar-se e poderiam ver as minhocas e outras formas de vida. A experiência tornou-se um projeto de ciências, além de ser uma lição de responsabilidade ambiental.

Uma babá contou como envolvia as crianças na reciclagem de papel e plástico na sua casa. Ela comprou caixas para separar materiais recicláveis e colou, em cada caixa, figuras de materiais que poderiam ser reciclados. Quando as crianças terminavam de comer um iogurte ou ajudavam a abrir uma embalagem, elas lavavam o material e ajudavam a separar os diferentes tipos nas caixas corretas:

Depois de alguns meses, notei que mesmo a menor delas já deixava claro que queria separar os materiais nas caixas corretas. Aquilo era como um jogo para ela, e eu coletava materiais durante o fim de semana para ela ajudar a separar na manhã de segunda-feira. Sua mãe ficou impressionada e me contou que teve que criar um sistema semelhante em casa, pois sua filha não concordava mais em jogar os plásticos no lixo!

Uma mãe estava preocupada, pois seus filhos ficaram profundamente abalados com a notícia de um grupo de coelhos de estimação abandonados que estavam sendo perseguidos por cães e caçados por adolescentes com armas de brinquedo. Ela contatou a organização de proteção aos animais que estava tentando resgatá-los e perguntou como a família poderia ajudar. Alguns dias depois, eles receberam dois coelhinhos adotivos, muito assustados e desnutridos. Com o tempo, as crianças da classe de educação infantil do seu filho envolveram-se na reabilitação desses animais – guardando legumes do lanche, visitando os coelhinhos em sua casa, fazendo brinquedos para eles roerem e doando toalhas e cobertas. Em vez de ficarem bravas e confusas com a crueldade que os animais sofreram, proporcionou-se que as crianças ajudassem de um modo positivo. Alguns meses depois, os dois coelhos foram adotados por uma família definitiva, que escreveu para elas para agradecer por sua bondade e comprometimento com o bem-estar animal.

Maneiras de fortalecer as crianças, para que contribuam para o seu mundo:
- Coletar materiais para organizações de caridade, como cobertas e toalhas para um abrigo de animais ou comida para um abrigo para pessoas desamparadas.

- Criar um sistema de fornecimento de alimento para famílias que passam por necessidades temporárias, como, por exemplo, depois do nascimento de um bebê ou uma doença na família, e incentivar as crianças a ajudar os pais a preparar e entregar os alimentos.
- Reciclar papel e plástico na sala de aula ou creche.
- Fazer compostagem com restos de comida do lanche e almoço.
- Coletar moedas para uma organização local de caridade e observar como acumulam rapidamente.
- Criar um sistema de reciclagem para as áreas de refeições.
- Levar pães e biscoitos regularmente para idosos em seus lares ou em um centro comunitário.
- Criar um jardim, onde possam cultivar frutas e legumes.
- Escrever cartas para políticos locais com as crianças, sobre as questões que as afetem, como brinquedos estragados na pracinha.
- Pensar com as crianças sobre maneiras de melhorar a sua área, por exemplo, formar uma força-tarefa para organizar um dia comemorativo para recolher o lixo ou plantar flores para idosos.
- Organizar um almoço comunitário para idosos, em que as crianças ajudem a preparar e servir os alimentos.
- Coletar e reusar coisas como CDs e garrafas de água, para fazer espantalhos para o jardim ou casinhas de passarinhos para o inverno.
- Fazer pôsteres para alertar os pais e outras crianças para os projetos de reciclagem em sua escola.
- Decorar sacolas de pano para as famílias usarem no supermercado ou para guardarem sapatos e brinquedos, reduzindo o uso de sacolas de plástico.

Fortaleça as crianças, envolvendo-as em sua comunidade.

Parte Quatro

Ensinando inteligência

Passo 1: Ensino criativo para mais aprendizagem

Uma das maneiras mais efetivas de desafiar o pensamento das crianças e enriquecer a aprendizagem é proporcionar atividades inusitadas e estimulantes. Quando o inesperado ocorre, as crianças precisam basear-se em experiências passadas para compreender o novo. Precisam reconsiderar seu atual entendimento do conceito e verificá-lo contra novos critérios, levando a um novo nível de compreensão. A importância da aprendizagem ativa é muito maior do que apenas a sua influência sobre os níveis de desempenho acadêmico. A aprendizagem ativa também afeta o desenvolvimento emocional e moral das crianças de maneira positiva. Já foi mostrado que o processo de aprendizagem é tão importante quanto seus resultados. Pensando de forma criativa, as professoras proporcionam um ambiente estimulante e animador, que é mais adequado ao desenvolvimento cerebral natural de crianças pequenas.

Enquanto brinca com a mistura de água e farinha, Carrie murmura os seus pensamentos para si mesma: "ah, é muito grudento! Uh, agora ta – ha-ha (ri), agora tá empapado!". A professora brinca na bandeja ao seu lado. "Oh, é difícil na bandeja", fala para si mesma, "tenho que raspar com as unhas. Ah, mas quando eu levanto, começa a escorrer – virou um líquido!". Depois de alguns minutos, Carrie começa a usar a palavra "escorrer" em sua descrição. Ela não aprende a palavra "líquido", mas a professora fez uma anotação mental para introduzir a palavra novamente no futuro com o grupo.

Quando pedreiros chegaram um dia de manhã no pátio da escola, as crianças da creche ficaram muito interessadas no que eles estavam fazendo. Elas ficavam longos períodos penduradas na cerca, falando sobre as pás e as máquinas.

No dia seguinte, as professoras fizeram uma pilha de areia no pátio. Ao lado, colocaram alguns caminhões e escavadeiras de brinquedo, pás e baldinhos, juntamente com pranchetas, canetas, fitas métricas e réguas. Imediatamente, as crianças começaram a trabalhar com a areia, medir, cavar e mudá-la de lugar. Em seguida, começaram a construir com tijolos, e duas crianças buscaram cones para indicar as áreas de perigo.

Ao final da aula, o grupo passou 20 minutos varrendo a areia e colocando-a de volta na caixa de areia para o dia seguinte, quando o trabalho na construção recomeçaria.

A seguir, 40 maneiras de incentivar a criatividade:

1. Colocar esponja na bandeja de areia.
2. Colocar areia colorida de aquário na bandeja de água.
3. Amarrar tubos de papelão pela sala e fornecer um saco de bolinhas de gude para rolar através deles.
4. Fazer cubos de gelo coloridos com anilina para brincar em tigelas plásticas ou na bandeja de água.
5. Fornecer giz de cera junto com a bandeja de água.
6. Encher bandejas com lama molhada e com limo do jardim.
7. Deixar uma variedade de toalhas e lenços de papel ao lado da bandeja de água.
8. Misturar farinha em bandejas rasas com uma pequena quantidade de água e anilina e deixar as crianças brincarem, misturando com as mãos.
9. Fornecer sementes, vasos e terra para plantar – mas adicionar conchas de macarrão, botões plásticos, contas de madeira, bolinhas de gude e outros objetos que não cresçam.
10. Fazer bolhas de sabão na sala e no pátio.
11. Colar bilhetes ou mensagens em portas, galhos, cadeiras e paredes.
12. Deixar um pedaço de algum material especial, como veludo, tecido decorado com lantejoulas ou cetim cintilante para as crianças manusearem.
13. Congelar água dentro de botas e luvas de borracha e outros recipientes interessantes e deixá-las flutuarem na bandeja de água.
14. Deixar algo em um lugar inusitado – um ursinho de pelúcia no banheiro, um pé de sapato no canto de leitura, um capacete de bombeiro no jardim. Perguntar às crianças por que acham que está ali.
15. Usar borrifadores ou pincéis com água ou tinta diluída sobre grandes folhas de papel presas a paredes ou cercas.
16. Fazer um "minhocário" ou "formigário". Comprar uma caixa de borboletas para ver as lagartas mudarem.
17. Deixar uma pequena mochila na maçaneta de fora da porta. Acrescentar objetos como binóculos, uma câmera descartável, uma bússola ou uma prancheta para despertar a imaginação.
18. Deixar uma cesta com ovos (cozidos) pintados de dourado em um canto do jardim.

Desafie o pensamento das crianças, fornecendo materiais incomuns.

19. Proporcionar tempo para observar as coisas, como peixes em um aquário, formigas no pátio, sombras ou nuvens.

20. Fazer caminhadas para explorar sons, odores ou formas.

21. Fornecer papel-carbono para as crianças experimentarem. Ele enfatiza a permanência de desenhos e é uma tecnologia antiga que pode proporcionar horas de exploração e diversão.

22. Fazer uma caça ao tesouro com pistas visuais.

23. Escrever cartas para uma pessoa real ou imaginária.

24. Fazer uma caixa de correio.

25. Assistir uma poça d'água evaporar.

26. Trazer flores, uma planta diferente ou sementes e deixá-las sobre a mesa.

27. Trazer frutas ou legumes incomuns e deixar as crianças ajudarem a cortá-los para ver como são por dentro.

28. Trazer materiais inusitados de centrais de reciclagem. Não se preocupe se não conseguir pensar em um uso para eles – as crianças pensarão, e isso faz parte da diversão.

29. Fazer um dragão com uma caixa de papelão. Fale às crianças que ele quer conversar, mas é surdo, e que elas terão que escrever bilhetes e alimentá-lo com eles.

30. Combinar coisas inesperadas – cordões na bandeja de água, pedras enterradas na areia.

31. Pedir para as crianças ajudarem a arrumar uma área da sala ou a sala toda. Fazer planos e discutir como farão isso.

32. Pendurar objetos que produzam sons em arbustos e cercas.

33. Desenhar setas e linhas no chão.

34. Planejar um passeio com as crianças. Fazer listas e preparações, linhas do tempo, cartas ou convites.

35. Colocar uma mensagem em uma garrafa.

36. Fazer um sanduíche com um recheio esquisito, como lantejoulas, grama ou aranhas de plástico, e discutir quem o comeria.

37. Trazer uma mala cheia para as férias de um personagem de algum livro de história.

38. Enterrar coisas no jardim e pedir para as crianças desenterrarem, como moedas velhas, conchas ou bolinhas de gude.

39. Organizar uma caixa de botões.

40. Colocar coisas em um saco de sensações, como massa ou cola de farinha, penas, uma semente com calombos ou espinhos ou tecidos e peles.

As crianças precisam de poucos estímulos para fazerem aventuras!

A seguir, 25 materiais para coletar para aulas criativas:

1. Caixas e potes de formas e tamanhos variados.
2. Cestas e bacias.
3. Sacos de formas e tamanhos variados.
4. Um saco de sensações.
5. Contas, botões e crachás.
6. Fitas e cordões coloridos.
7. Papel de presente, etiquetas e cartões, fitas coloridas.
8. Adesivos de formas e tamanhos variados.
9. Corante alimentar.
10. Material publicitário, catálogos e listas de telefone.
11. Envelopes vazios (usados ou novos).
12. Livros, impressos e folhetos em outras línguas.
13. Ingressos e rótulos.
14. Moedas estrangeiras.
15. Menus e guias.
16. Papel metálico para crachás e rótulos.
17. Pequenos quadros brancos e pranchetas.
18. Prendedores de roupas.
19. Sacos com zíper.
20. Lentes de aumento.
21. Canetinhas finas a pincéis atômicos.
22. Penas, conchas e seixos rolados.
23. Fantoches (de dedo, de mão ou maiores).
24. Pedaços de tecidos interessantes.
25. Um quadro para usar na sala e no pátio.

A seguir, 15 perguntas do tipo "O que aconteceria se...?":

O que aconteceria se colocássemos tubos de papelão na bandeja de água?

O que aconteceria se cortássemos as frutas na outra posição?

O que aconteceria se pendurássemos os guardanapos molhados na rua em um dia gelado?

O que aconteceria se deixássemos algo na rua a noite toda?

O que aconteceria se trocássemos este móvel de lugar?

O que aconteceria se escrevêssemos uma carta para nós mesmos e colocássemos no correio?

O que aconteceria se não usássemos um dos ingredientes de uma receita?

O que aconteceria se colocássemos material de ninho no jardim, na primavera?

O que aconteceria se colocássemos grãos para os passarinhos no pátio?

O que aconteceria se colocássemos corante na água?

O que aconteceria se pintássemos na chuva?

O que aconteceria se colocássemos folhas ou grama no congelador?

O que aconteceria se escrevêssemos para a rainha ou para o primeiro-ministro?

O que aconteceria se misturássemos lantejoulas na areia?

O que aconteceria se escrevêssemos ao contrário?

Passo 2: **Promovendo as bases do trabalho em grupo**

A importância de promover habilidades para o trabalho em grupo é considerada um aspecto importante da educação infantil. A cooperação em grupos leva a mais qualidade no uso da língua e nas interações. Na EYFS, existe uma mistura natural entre o tempo que as crianças passam com tipos diferentes de grupos. O equilíbrio do tempo gasto com diferentes tipos de grupos dependerá dos objetivos da professora, que deve ter em mente o fato de que cada criança estará em um estágio do *continuum* entre brincar sozinha e trabalhar em grupo com confiança. A professora deve organizar atividades que ajudem as crianças a desenvolverem as habilidades sociais que o trabalho em grupo exige, independentemente do estágio de desenvolvimento que alcançarem.

Quando George passou por uma fase de brincar com um garoto específico na caixa de areia por longos períodos todas as manhãs, sua monitora decidiu incentivar os garotos a interagirem mais, alterando o equipamento fornecido. Ela preparou a caixa um dia apenas com uma grande roda de areia e algumas pazinhas, colocando os baldinhos em outra prateleira onde os garotos teriam que procurá-los se os quisessem. No começo, George e seu amigo queriam a roda de areia, e uma disputa suave começou. Nenhum dos garotos podia colocar areia na roda para vê-la girar, pois estavam ocupados demais tentando dominá-la. A monitora interveio e pegou uma pazinha. Ela arrumou a roda e começou a colocar areia. A roda girou e os dois garotos gostaram de ver. "Ei, se vocês ajudarem, conseguiremos fazê-la girar mais rápido", sugeriu ela. George e seu amigo começaram a colocar areia por cima da roda. Depois de alguns minutos, a monitora saiu, deixando as crianças brincarem juntas.

Atividade: monitorando o trabalho em grupo

Ao planejar ou revisar as atividades da semana, use a lista abaixo para monitorar a variedade do trabalho em grupo das crianças. O objetivo deve ser usar muitos tipos diferentes de agrupamentos no decorrer da semana. As crianças devem trabalhar em todos os tipos de grupos e combinações, algumas escolhidas por elas mesmas, e outras dirigidas.

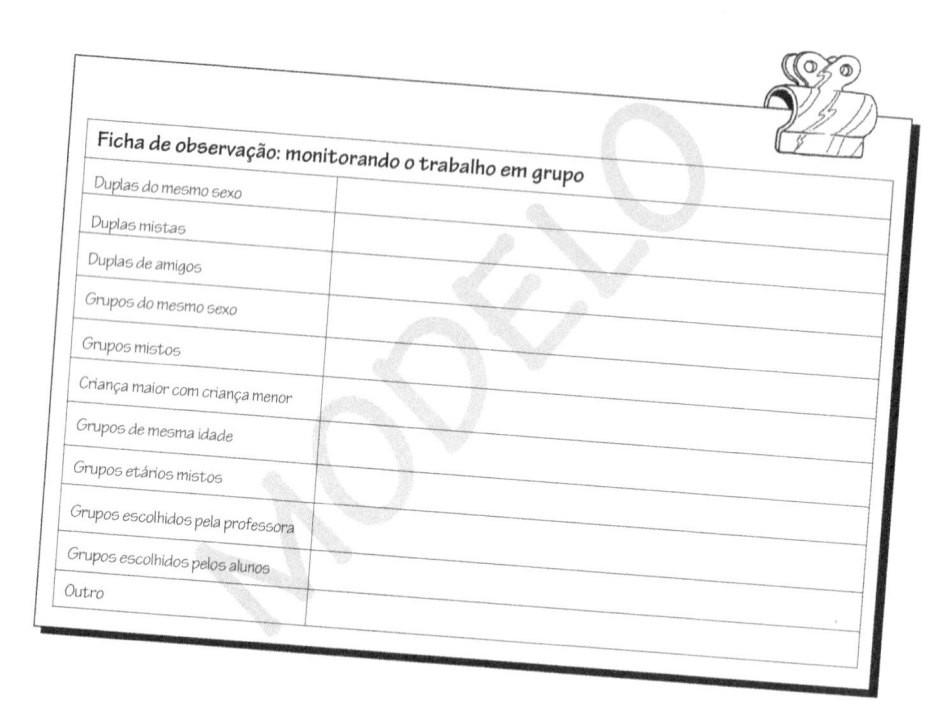

Ficha de observação: monitorando o trabalho em grupo	
Duplas do mesmo sexo	
Duplas mistas	
Duplas de amigos	
Grupos do mesmo sexo	
Grupos mistos	
Criança maior com criança menor	
Grupos de mesma idade	
Grupos etários mistos	
Grupos escolhidos pela professora	
Grupos escolhidos pelos alunos	
Outro	

Para versão em tamanho natural, ver o final do livro.

As crianças adoram tarefas como guardar as compras.

A seguir, 35 tarefas práticas para crianças:

1. Molhar as plantas do prédio e do pátio.
2. Varrer o chão no fim do dia.
3. Preparar o lanche, cortar e descascar frutas, contar biscoitos e copos.
4. Servir as bebidas na hora do lanche.
5. Lavar a louça depois da aula de culinária ou do lanche.
6. Limpar as gaiolas ou aquários dos animais de estimação.
7. Entregar bilhetes para os pais no final do dia.
8. Misturar tinta na área de arte.
9. Lavar potes de tinta e pincéis.
10. Apertar parafusos em equipamentos, como triciclos, quando estiverem frouxos.
11. Preparar e ligar a lavalouça.
12. Guardar as compras depois de ir ao supermercado.
13. Limpar e arrumar o material de matemática.
14. Reorganizar a área de teatro e escolher um novo tema.
15. Lavar as bonecas e suas roupas.
16. Arrancar ervas daninhas e varrer as folhas no jardim.
17. Montar expositores – elas aprendem rapidamente a fazer isso, se tiverem ajuda.
18. Juntar e guardar brinquedos do pátio.
19. Limpar e guardar os quadros brancos.
20. Preparar cadeiras, almofadas e colchonetes para a hora do grupo.
21. Fazer listas de compras e afazeres.
22. Ajudar a montar novos equipamentos.
23. Organizar e reorganizar equipamentos nas prateleiras.
24. Fazer rótulos e avisos.
25. Alimentar os animais de estimação.
26. Colocar botas de borracha em pares e decorar com prendedores de roupa.
27. Usar uma sineta para avisar que é hora de guardar as coisas, ir para a assembleia ou para o lanche.
28. Encher bandejas e tigelas de água.
29. Limpar as mesas ao final da aula.
30. Ajudar a carregar caixas de equipamentos para os armários ao final da sessão.
31. Ajudar a escolher novos equipamentos para a sala.
32. Encher floreiras com terra.
33. Plantar coisas, como agrião, bulbos, folhagens e plantas.
34. Varrer as as poças d'água depois da chuva.
35. Espalhar sal nas calçadas congeladas.

A seguir, 20 maneiras de organizar os grupos:

1. Pelo nome, começando com certas letras do alfabeto.
2. Pelo sobrenome, começando com certas letras do alfabeto.
3. Por ordem alfabética.
4. Por ordem de matrícula.
5. Pelos tipos de sapatos que as crianças estão usando.
6. Pelo mês de aniversário das crianças.
7. Por animais de estimação: quem tem um cão, um gato, um *hamster* ou quem não tem animal de estimação.
8. Por quem tem irmãos, irmãs, os dois, ou nenhum.
9. Por onde as crianças moram.
10. Por roupas, como macacão, moletom ou camisetas.
11. Pela maneira como as crianças chegam na escola.
12. Por cores preferidas.
13. Pelo que as crianças comem no café da manhã.
14. Pela cor dos olhos.
15. Pelo cabelo, encaracolado, longo ou curto.
16. Pela atividade que as crianças fizeram naquela manhã.
17. Pelo que as crianças querem comer na hora do lanche.
18. Fazendo uma pergunta.
19. Passando um brinquedo macio na roda, enquanto toca uma música – quem estiver com o brinquedo cada vez que a música parar entra para o grupo.
20. Tocando na cabeça das crianças e contando até 10 – a décima criança entra para o grupo.

O modelo *High/Scope* de "planejar – trabalhar – recordar"

O modelo *High/Scope* de "planejar – trabalhar – recordar" é conhecido de muitos profissionais, enquanto outros talvez conheçam o modelo semelhante de "planejar – fazer – revisar".[42]

Planejar

Cada criança decide o que fará durante o período e compartilha com um adulto, em um grupo pequeno. O plano é registrado pela professora ou pela criança, ou por ambas. O propósito é conectar os interesses das crianças com ações propositadas.

Trabalhar

As crianças começam as atividades que escolheram, e continuam até que tenham concluído ou alterado seus planos. Enquanto as crianças trabalham, os adultos circulam entre elas, observando cuidadosamente e ajudando se precisarem ou pedirem. Essa parte da aula geralmente dura 45-55 minutos. Depois, as crianças limpam e guardam projetos inacabados.

Recordar

As crianças reúnem-se com o adulto para compartilhar o que fizeram. Os adultos questionam e discutem as atividades. O propósito é ajudar as crianças a refletir, entender e progredir com base em suas ações.

Passo 3: Ensinando com meios visuais, auditivos e cinestésicos

Um modelo simples para entender estilos de aprendizagem individuais é decompô-los em três categorias: *visual*, *auditiva* e *cinestésica*, que equivalem a: *ver*, *ouvir* e *fazer*. Todos temos um estilo preferido, mas também utilizamos os três métodos. Essas preferências podem ser fortes em certas crianças, significando que a professora deverá garantir que exista um equilíbrio, onde haja igual demanda pelo envolvimento visual, auditivo e cinestésico das crianças. Ela também deverá monitorar o horário para garantir um equilíbrio entre o visual, o auditivo e o cinestésico.

Seguidamente alguém pergunta para a mãe de Carrie como ela "ensinou" a filha a reconhecer as letras e a ler palavras. Ela não sabe responder, pois Carrie efetivamente aprendeu sozinha. Porém, ela lê para Carrie desde a idade de 4 ou 5 meses, pega livros na biblioteca todas as semanas, conversa sobre palavras e símbolos e proporciona brinquedos e jogos que incentivam a aprendizagem visual.

Carrie também tem um conjunto de letras de espuma que usa no banho, blocos com letras e números e um quebra-cabeça do alfabeto. Quando brinca com esses brinquedos, a mãe acrescenta informações sobre as letras e números enquanto fala, juntamente com informações sobre cores e formas: "Ah, você está colocando o tijolo azul sobre o amarelo – ahá!", "Sim, acho que sim, pode ser que dê certo, pode ser que não caia", diz Carrie, e a mãe comenta: "Tem razão! Muito bem! Você equilibrou a letra 'D' azul em cima da letra 'J' amarela!".

Para a mãe de Carrie, essa era uma parte instrutiva da maneira como se comunicava com a sua filha. Ela não considerava que estava "ensinando" a Carrie, mas, se analisarmos as informações que estava dando naquela rápida interação, podemos ver o potencial para a aprendizagem da menina. Ela identificava as cores dos tijolos, juntamente com o posicionamento do azul "sobre" o amarelo. Ela usou a palavra "equilibrou" e perguntou qual Carrie achava que seria o resultado se ela colocasse o último tijolo por cima. Ela reagiu à resposta de Carrie e chamou sua atenção para as letras nos tijolos que Carrie havia equilibrado, além de repetir os nomes das cores.

Uma professora da creche sentia-se frustrada com a agitação que sempre ocorria na hora da história. Parecia que ela jamais conseguiria terminar uma história, porque estava constantemente tendo que parar para pedir para as crianças largarem as roupas dos outros ou pararem de brincar com os fechos de velcro de seus sapatos! Ela pediu para uma colega observar uma hora da história para ajudar a entender o que estava acontecendo, e ficou surpresa quando a colega falou que a agitação sempre começava com as mesmas duas crianças, e "espalhava-se" até todo o grupo estar mais interessado nos sapatos do que na história.

A colega sugeriu dar às crianças, particularmente as duas mais ativas, algo mais físico para fazer durante a hora da história, como usar mais adereços ou envolver as crianças em virar as folhas do livro ou fazer atividades relacionadas com as histórias. Ela sugeriu também que poderia disponibilizar brinquedos, como ursinhos de pelúcia para segurarem, para que tivessem algo para fazer com as mãos e atrapalhassem menos os outros.

A seguir, 30 maneiras de explorar a aprendizagem visual:

1. Usar mapas mentais para uma variedade de temas e conceitos.
2. Tirar fotografias de atividades para discussões e reflexão em grupo.
3. Rotular objetos cotidianos na sala.
4. Praticar muitos jogos de memória visual, como "Jogo da memória" e "Lince" com cartões e figuras.
5. Usar pequenos brinquedos representando o mundo real, fantoches ou bichinhos de pelúcia como adereços ao contar histórias.
6. Usar sinais visuais para rotular lugares e pertences.
7. Desenhar mapas e planos de viagens e lugares.
8. Estimular as crianças a adicionar imagens e legendas aos mapas mentais.
9. Chamar a atenção para padrões em experiências cotidianas e dar a chance de copiá-los e repeti-los.
10. Fazer expositores e álbuns de fotografias com as experiências das crianças.
11. Usar imagens e fotografias de materiais da sala de aula para rótulos e outros fins organizacionais.
12. Fazer pôsteres que demonstrem o que foi aprendido, por exemplo, um pôster com muitos triângulos ou quadrados coloridos.
13. Fornecer muitos livros e materiais de leitura.
14. Incentivar as crianças a praticarem jogos de combinação.
15. Fazer caminhadas para procurar formas, letras, cores ou padrões.
16. Usar recordação visual para ajudar a mapear as memórias de experiências, como "o que você viu na feira?" ou "como são os animais do zoológico?".
17. Estimular as crianças a desenhar as coisas que fazem ou eventos e atividades. Estimular maneiras diferentes de registrar, como diagramas rotulados, fotografias, tirinhas e charges ou fazer livretos sem texto.
18. Usar espelhos para ajudar as crianças a procurar detalhes quando desenham coisas ou a si mesmos. As habilidades visuais são incentivadas com o uso de espelhos.
19. Estimular as crianças a brincar com quebra-cabeças e outros jogos ilustrados.
20. Usar fotografias em *close* ou figuras parcialmente cobertas para fazer jogos, como adivinhar o objeto a partir de uma imagem que mostre apenas um detalhe ou parte do objeto.
21. Brincar de "eu espio com meu pequeno olho", adaptando o jogo para usar categorias como "algo com listras", "algo redondo e azul", ou "algo com tampa prateada".
22. Brincar de "adivinhe a pessoa". Descreva uma pessoa da sala em detalhes, estimulando as crianças a olharem umas para as outras cuidadosamente.
23. Colocar alguns objetos em uma bandeja, cobrir com um pano, remover o pano por um rápido período, cobrir novamente e ver quem consegue lembrar de todos os objetos.

As habilidades visuais podem ser estimuladas com o uso de espelhos.

24. Depois disso, mostrar os objetos e pedir para as crianças fecharem os olhos enquanto um é removido, e ver quem consegue dizer o que falta.

25. Rotular os cabides dos casacos, os pratos, as garrafas d'água, as gavetas e os escaninhos. Usar apenas uma imagem no começo, depois uma imagem com a inicial da criança, depois uma imagem e o nome e finalmente apenas o nome.

26. Brincar de "encontre a diferença" todos os dias quando as crianças chegarem. Para isso, deve-se remover uma ou duas coisas para ver se elas conseguem enxergar o que foi tirado. Deve-se começar com coisas grandes e óbvias.

27. Brincar de "encontre a diferença", peça para as crianças observarem o que houver de novo. Acrescente objetos, como um vaso de flores, uma fruta diferente na fruteira ou uma fotografia nova na parede a cada dia.

28. Fazer conexões visuais com as histórias e acontecimentos da vida das crianças, como cheques coloridos de papel de embrulho, com histórias de Elmer,* uma flor com uma caminhada no parque ou um prato de mingau com *Cachinhos Dourados*.

29. Usar adereços para ajudar as crianças a visualizar as histórias.

30. Vestir algo significativo, que esteja ligado ao tema do dia ou da semana como meias, cachecol e boné vermelhos, se estiver aprendendo as cores, ou um chapéu e óculos de sol, se o tema for "verão".

---

* N. de R. T.: Elmer, o elefante xadrez. História para crianças sobre um elefante colorido, como se fosse feito de papel de retalhos. Criado por David Mckee.

A seguir, 30 maneiras de explorar a aprendizagem auditiva:

1. Incentivar as crianças a murmurarem seus pensamentos.
2. Trabalhar junto com as crianças, falando sobre o que está fazendo.
3. Permitir tempo suficiente para aulas de revisão.
4. Revisar mapas mentais verbalmente.
5. Dar oportunidades para aprender com a música.
6. Fazer caminhadas auditivas no jardim ou pela escola. As habilidades auditivas são praticadas em uma caminhada auditiva.
7. Usar gravações de histórias e canções juntamente com livros.
8. Usar vozes diferentes quando ler histórias e poemas.
9. Pedir para as crianças falarem sobre seus planos antes de começarem uma atividade.
10. Pedir para as crianças falarem sobre o que estão fazendo nas diferentes fases das tarefas.
11. Demonstrar novas habilidades enquanto explica claramente o que está fazendo.
12. Conversar sobre os mapas mentais enquanto vão fazendo.
13. Estimular as crianças a colocar novo vocabulário e conceitos na forma de música.
14. Compor pequenos "raps" sobre atividades que foram aprendidas.
15. Usar "cada um ensina um", em que cada criança conversa com um amigo sobre o que descobriu.
16. Registrar as crianças falando, cantando ou lendo e depois tocar as gravações e adivinhar "quem é?".
17. Permitir tempo suficiente para as crianças discutirem o que planejaram fazer com um adulto ou outra criança.
18. Fazer pausas durante as histórias e discussões em grupo para proporcionar tempo para que as crianças conversem em duplas sobre o que aconteceu e prevejam o que virá depois.
19. Usar CDs pré-gravados para tocar jogos como "Loteria de sons", "Ache o animal", "De quem é o bebê?", "Que som é esse?" ou "Adivinha que instrumento está tocando".
20. Estimular as crianças a fazerem sons e música para acompanhar histórias, seja com você ou em pequenos grupos para tocar para os outros.
21. Usar aulas de música para desenvolver habilidades como a escuta, alternar a vez e padrões sonoros.
22. Usar fantoches e bichinhos de pelúcia para ajudar a estabelecer personagens e vozes diferentes.
23. Usar a recordação de sons para ajudar a mapear memórias de experiências, como: "o que você ouviu na feira?" ou "que som fazem os animais do zoológico?"
24. Usar instrumentos ou sons corporais para brincar de uma versão de "Seu mestre mandou", em que você bate palmas ou o pé ou toca um ritmo, e as crianças imitam.
25. Cantar músicas com uma batida rítmica forte.

26. Bater palmas, estalar dedos ou fazer algum pequeno barulho enquanto conta ou soletra.
27. Descrever como se formam as letras enquanto desenha no ar, como "faz uma roda e depois um palito pra baixo".
28. Pronunciar o som das letras enquanto escreve ou soletra.
29. Usar música para recriar ou estabelecer um tipo de humor ou situação.
30. Usar música ou um som, como uma sineta, um guizo ou corneta para indicar a hora do lanche ou da arrumação.

As habilidades auditivas são praticadas em uma caminhada auditiva.

A seguir, 30 maneiras de explorar a aprendizagem cinestésica:

1. Estimular as crianças a manipular fotografias e objetos para mapas mentais em 3D.
2. Construir aspectos práticos em 3D em seus expositores.
3. Incorporar movimento e ações nas sessões de contação de histórias.
4. Praticar habilidades motoras finas, como escrita cursiva, por meio de atividades motoras amplas.
5. Dramatizar as histórias. Se tiver um salão ou outro espaço grande, use-o!
6. Fazer a hora da história ou da discussão no pátio, para que as crianças possam mexer-se bastante.
7. Estimular as crianças a ajudarem a carregar e reorganizar os materiais e equipamentos do pátio regularmente.
8. No inverno, trazer alguns blocos grandes para a sala.
9. Proporcionar muitas oportunidades para dramatização.
10. Incluir muita prática musical nas aulas de música.
11. Estimular as crianças a fazerem gestos grandes e extravagantes enquanto contam histórias ou falam sobre suas brincadeiras.
12. Dar oportunidades para as crianças brincarem e manipularem letras e números de madeira, espuma ou magnéticos.
13. Estimular as crianças a desenharem letras e números no ar, na areia, no quadro branco ou com pintura a dedo. Escrever no ar beneficia particularmente os aprendizes cinestésicos.
14. Ensinar novos jogos de pátio e incorporar novos conceitos na atividade física.
15. Usar recordação de movimentos para ajudar com o mapeamento de memórias de experiências, como "o que você fez na feira", "como os animais do zoológico se mexem?".
16. Usar tecidos e outras texturas para ajudar as crianças a lembrarem de suas experiências.
17. Fazer ou comprar um saco de sensações e usá-lo para explorar as três dimensões.
18. Fazer muitos gestos grandes e extravagantes enquanto explica as atividades ou conta histórias.
19. Garantir que os brinquedos e equipamentos do pátio tenham usos múltiplos. Calhas e canos, cordas, pneus, caixas e grades proporcionam muito mais espaço para brincar do que aparelhos fixos.
20. Fornecer muitos brinquedos manipulativos, coisas que tenham partes móveis e brinquedos de construção, grandes e pequenos.
21. Nas aulas de música, garantir que haja bastante movimento. Acompanhar os movimentos com sons, fazer movimentos em resposta a sons e praticar parar e começar, mudar de velocidade e mexer-se em padrões.
22. Fornecer muitos materiais maleáveis, como argila, massa de modelar, macarrão, bolhas, areia, água e tinta para pintura a dedo. Experimentar o máximo dessas atividades na rua, com papel maior, quantidades maiores e movimentos maiores.
23. Fornecer giz ou tinta e pincéis grandes para fazer trilhas e estradas na calçada do pátio.

24. Incluir as crianças em muitas atividades físicas de jardinagem.

25. Incluir túneis, pontes, barras de equilíbrio, caminhos de pedras e cones no mobiliário do pátio.

26. No inverno, dar oportunidades para as crianças usarem esse mobiliário no corredor ou em outro espaço grande, se não puderem ir para a rua.

27. Fornecer colchas, cordas e estacas para as crianças construírem acampamentos no pátio ou, se o clima estiver muito ruim, abrir espaço para acamparem em um local fechado.

28. Dar oportunidades para as crianças lerem e escreverem em atividades de dramatização, como pranchetas e quadros brancos para usar na sala e no pátio, blocos para escrever e contar pontos, multas de trânsito, guias telefônicos e menus.

29. Proporcionar equipamento para o controle motor fino, como linhas para colocar contas, material de costura e tricô, materiais para separar e contar.

30. Estimular as crianças a usarem as mãos e dedos para contar, desenhar e escrever.

Escrever no ar beneficia particularmente os aprendizes cinestésicos.

Passo 4: Envolvendo as inteligências múltiplas

> *Na minha opinião, uma competência intelectual humana deve acarretar um conjunto de habilidades de resolução de problemas – proporcionar que o indivíduo resolva as dificuldades ou problemas genuínos que encontrar, quando apropriado, para criar um produto efetivo – e também deve acarretar o potencial de encontrar ou criar problemas – preparando assim a base para novo conhecimento.*
>
> Howard Gardner[43]

As oito "inteligências" segundo a teoria das inteligências múltiplas de Howard Gardner são:

- Linguística
- Lógico-matemática
- Musical
- Corporal-cinestésica
- Espacial
- Interpessoal
- Intrapessoal
- Naturalista

Cada criança tem uma combinação de inteligências diferentes, em intensidades diferentes, e o ambiente da educação infantil influencia a maneira como essas inteligências diferentes desenvolvem-se e progridem. Como quando procura um equilíbrio entre os aspectos visuais, auditivos e cinestésicos, a professora deve monitorar as atividades, para dar igual ênfase às diferentes formas de inteligência e modos de aprender. Uma lista com as iniciais para as inteligências múltiplas pode ser usada ao planejar para monitorar as que são abordadas em uma aula e as que podem precisar de mais ênfase em outro estágio. Deve-se ter cuidado, porém, contra a tentação de identificar crianças específicas como sendo determinados tipos de aprendizes. Não existe algo como uma pessoa "linguística", nem "espacial" ou "intrapessoal". O importante é valorizar cada tipo de inteligência, e não apenas as realizações da escola "tradicional", e garantir que, durante um certo período de tempo, as crianças tenham uma grande variedade de experiências, que envolvam todas as inteligências múltiplas.

Cada uma das nossas quatro crianças tem potencialidades específicas em várias áreas e níveis diferentes de habilidade em outras. Samantha claramente tem uma inteligência linguística forte, mas também tem uma inteligência musical forte. Ela tem um bom senso de ritmo e tom e consegue lembrar um padrão simples depois de ouvir apenas uma vez. George, por outro lado, tem uma inclinação para a inteligência naturalista. Ele se interessa muito pela natureza e observa os detalhes do mundo natural. Por exemplo, uma vez, ele coletou um balde cheio de caramujos do seu jardim e os trouxe para mostrar às crianças da educação infantil. Juntos, eles levaram os caramujos para a área natural atrás da escola para libertá-los.

Carrie tem um perfil completamente diferente de inteligência. Uma das suas maiores potencialidades está em suas habilidades interpessoais. Isso, possivelmente, deve-se em parte ao seu ambiente doméstico. Ela passa muito tempo com a babá depois da escola e durante os feriados. Carrie adora a atenção das duas filhas adolescentes da babá e passa bastante tempo seguindo-as aonde elas forem. Desse modo, ela está desenvolvendo suas habilidades interpessoais. Ela sabe como alternar em uma conversa a dois e faz perguntas pessoais, como "ah, você gosta disso?" e comentários como "garanto que você também quer bolo, não quer?". Carrie está começando a colocar-se no lugar da outra pessoa e imaginar o que os outros estão pensando e sentindo. Suas habilidades intrapessoais também são um ponto forte. Ela fala frequentemente sobre como se sente e tem um senso forte de certo e errado. Ela costuma desafiar outras crianças verbalmente na creche quando sente que foram injustas com ela ou com outra pessoa.

Kishan, por outro lado, tem uma forte inteligência corporal-cinestésica e é bom em atividades que exijam raciocínio lógico-matemático. A inteligência menos desenvolvida de Samantha é a corporal-cinestésica, ao passo que as inteligências menos desenvolvidas de Kishan são as inteligências interpessoal e intrapessoal. A professora compreende isso e trabalha com Samantha para estimulá-la a participar de mais atividades físicas e ao ar livre, atividades práticas e, com Kishan, para ajudá-lo a lidar com sua impulsividade e discutir seus sentimentos antes de agir com base neles.

Um modo leve de ver as crianças usarem as inteligências múltiplas de Howard Gardner

Mesmo que seja divertido identificar-se com as descrições dessas crianças, lembre que isso deve ser algo leve, e que as crianças não devem ser estereotipadas como um tipo de aprendiz.

Linguística – o tagarela

- Acorda falando, fala o dia inteiro, até dormindo.
- Chega pela manhã com uma história sobre o gato, o cachorro, a vovó ou um sonho que teve na noite passada.
- Está sempre levantando a mão durante a hora da história, nas sessões plenárias e em momentos de discussão e, depois que começa a falar, simplesmente não para.

Lógico-matemática – o engenheiro de Lego

- Constrói modelos impressionantes com Lego e outros brinquedos de construir, e costuma disputar com outras crianças que querem um pouco dos seus tijolos.
- Sempre é o primeiro a aparecer quando o computador estraga, mergulhando sob a mesa para tentar reconectar os fios antes que chegue um adulto.
- Na hora de arrumar, organiza os brinquedos de maneira ordenada e fica frustrado quando as outras crianças não seguem seu sistema.

Música – o cantor

- Está sempre procurando uma plateia, para a qual canta versões interessantes e intermináveis de rimas e cantigas de ninar.
- Pode ser encontrado a qualquer momento na escola apenas seguindo o som de canções ou melodias.
- "Conduz" a música com as mãos nas assembleias e nas aulas de música ou história, e sempre liga a música para que possa fingir que está conduzindo uma sinfonia.

Corporal-cinestésico – o ginasta

- Raramente está em locais fechados. Pode ser encontrado no topo do trepa-trepa, tentando amarrar uma corda em uma árvore próxima para fazer um balanço.
- Sempre consegue ser o primeiro na fila para as aulas de educação física.
- Regularmente sugere uma sessão de Brain Gym®, na qual participa de forma entusiástica e ruidosa.

Espacial – o escultor

- Trabalha com cada ferramenta e material concebível na área de tecnologia para construir modelos, que ficam grandes e elaborados demais para encaixarem em qualquer prateleira.
- Está sempre coberto de tinta, cola e argila, não importa como você amarra o avental dele.
- Consegue usar todo o estoque de papel, papelão, cola e restos em uma aula curta.

Interpessoal – o melhor amigo

- Costuma estar no canto da casa organizando as outras crianças. Se não se organizarem, começa a mandar nas bonecas.
- Fala entusiasmado dos assuntos dos outros, inclusive dos professores, das crianças, dos pais e dos vizinhos.
- Pode-se ter certeza de que saberá os detalhes de cada discussão ou briga que ocorrer na sala, independentemente de estar perto ou não.

Intrapessoal – o sábio

- Responde perguntas depois de uma longa pausa, geralmente fazendo outra pergunta.
- Nas sessões plenárias, conta detalhadamente o que sente sobre tudo que lhe aconteceu naquela manhã.
- Quando você está muito ocupada, tenta envolvê-la em uma conversa detalhada sobre uma conversa anterior que você mal consegue lembrar.

Naturalista – o caçador de insetos

- Traz caixas e potes para a escola regularmente, contendo insetos ou minhocas, que quer soltar e "compartilhar" durante a hora da história.
- Passa horas olhando as criaturas no "minhocário", ou as lagartas e formigas, e deve ser constantemente lembrado de colocar a tampa de volta.
- Pode-se ter certeza de que conseguirá persuadir sua mãe a levar os porquinhos da Índia para casa nas férias.

Passo 5: **Sem pressa para aprender**

> *Os indivíduos e as sociedades do Ocidente perderam o contato com o valor da contemplação. Somente o raciocínio ativo é considerado produtivo. Ficar com o olhar ausente voltado para a parede do escritório ou para janela da sala de aula não tem valor.*
>
> Guy Claxton[44]

> *Quando vejo galhos de vidoeiros tortos para um lado e para o outro*
> *Através das linhas de árvores mais escuras e mais retas,*
> *Gosto de pensar que algum garoto as balançou.*
>
> Robert Frost[45]

À medida que a vida moderna torna-se cada vez mais caótica, as crianças costumam pagar o preço, pois sofrem cada vez mais pressão para terem "sucesso". As crianças passam um número cada vez maior de horas na escola, com uma idade cada vez mais baixa. A ênfase demasiada no desempenho nos testes acadêmicos levou a uma redução do currículo e a maior pressão sobre as crianças, para fazerem tarefas inadequadas a uma idade inadequada. As oportunidades para as crianças aprenderem fora da sala de aula diminuíram drasticamente. Chegamos ao ponto em que o governo britânico lançou o "Manifesto pela aprendizagem fora da sala de aula", para tentar abordar a tendência social que suas políticas criaram.[46] O fato é que muitas crianças, quase literalmente, têm negados o tempo e o espaço necessários para pensar.

A vida doméstica das crianças também está passando por mudanças radicais. As expectativas profissionais irracionais a que estão submetidos os adultos e os difíceis tempos econômicos levaram a uma falta cada vez maior de tempo e atenção para muitas crianças. Uma indústria de classes e atividades organizadas substituiu as brincadeiras livres. Muitos pais são condicionados por uma mídia superzelosa a temer os "perigos" e, assim, em muitos casos, mutilam a infância. Em muitos locais, as crianças não têm nenhum contato com a natureza, pois perderam a liberdade para brincar ao ar livre sem limitações. Deve haver esforços sérios para reverter essas tendências, pois corremos perigo de criar uma geração carente e estressada de jovens que crescerão incapazes de pensar independentemente ou de cuidarem de si mesmos. Além disso, esses jovens crescerão sem as conexões com a comunidade e a natureza, sem ter as experiências que constroem um caráter forte, com empatia e uma consciência saudável.

A importância das habilidades de raciocínio foi reconhecida de maneira mais formal nos últimos anos, e o pensamento compartilhado hoje é um requisito do comprometimento com o princípio de "Aprendizagem e desenvolvimento" na EYFS.[47] Em seu livro intitulado *Hare Brain, Tortoise Mind* (Cérebro de Lebre, Mente de Tartaruga), Guy Claxton descreve três velocidades diferentes de pensamento: o tipo de pensamento da resposta instintiva, que impede que você atropele um ciclista que surge na frente do carro; a forma deliberada de pensamento que você usa quando resolve problemas de matemática, e uma terceira velocidade – um processo lento e inconsciente, no qual a pessoa que pensa pode parecer sem propósito, mas, depois de um período de tempo, tem uma solução para o problema ou desenvolveu uma compreensão mais profunda de uma experiência anterior. Essa "mente de tartaruga" tornou-se seriamente desvalorizada em nossa cultura, mas tem sido responsável por muitas das grandes descobertas na história da humanidade. Devemos resistir à pressão para apressar as crianças durante a formação, de modo a garantir que elas tenham o espaço e tempo necessários para esse terceiro tipo de raciocínio.

Fato fascinante

Um levantamento realizado em 2008 pediu para 1.800 crianças dizerem uma coisa sem a qual não conseguiriam viver. Mais de uma em cada três respondeu que não poderia viver sem o computador, e uma em cinco respondeu que não poderia viver sem televisão.[48]

Fato fascinante

Em um levantamento sobre professores, realizado em 2009, mais de 44% pensavam que as normas de saúde e segurança afetavam "negativamente a educação dos alunos". Entre as medidas extremas de segurança estavam: a proibição de correr no pátio, ter que usar óculos se usar massinha Blu Tac*, a proibição de usar caixas de ovos pelo risco de envenenamento com salmonela, a grama molhada cancelar aulas de educação física, e os nadadores do Ano 11** serem forçados a usar bandas braçais em uma praia na França.[49]

A Chicago Wilderness Alliance nos Estados Unidos chegou a adotar uma "declaração dos Direitos da Criança ao Ar Livre"[50], que diz que toda criança deve ter o direito de:

Descobrir a natureza – planícies, dunas, florestas, savanas e banhados

Acampar embaixo das estrelas

Seguir uma trilha

Pegar e soltar peixes, sapos e insetos

Subir em uma árvore

Explorar a natureza em bairros e cidades

Celebrar o patrimônio público

Plantar uma flor

Brincar na lama ou em um córrego

Aprender a nadar

Ajude as crianças a explorar os espaços ao ar livre em sua cidade.

---

* N. de R. T.: Massa adesiva reutilizável.
** N. de R.: O Ano 11 (Year Eleven) é um ano escolar de países como Inglaterra, País de Gales, Irlanda do Norte, Austrália e Nova Zelândia. Compreende alunos de 15 a 17 anos, podendo ser seu último ano de educação obrigatório.

Por que você não cria a sua própria Declaração dos Direitos da Criança em sua escola?

Uma babá contou que leu um artigo sobre o pensamento compartilhado e começou a analisar conscientemente as suas interações com as crianças. Ela gravou a seguinte conversa, entre ela e James, uma criança de quem cuidava, enquanto observavam uma tigela com girinos:

"Nadando", diz James.

"Sim, eles estão nadando. Você consegue ver a cauda sacudindo?", diz Amanda.

"Cadê?", diz James.

"Ali estão as patas do sapinho. Aqueles são pequenos girinos em seus ovinhos. Você consegue ver aquele se sacudindo? Por que você acha que ele está fazendo isso?", fala Amanda.

"Não pode sair", diz James.

Amanda pergunta: "Vamos pegar uma lente e ver se conseguimos descobrir o que ele está fazendo?".

Então, saem juntos e voltam com uma lente de aumento e um livro sobre girinos para ler.

Um dia, a classe de Kishan recebeu uma visita de um grupo musical que tocava músicas irlandesas para as crianças. Mais tarde naquele dia, a professora ouviu batidas que vinham do canto dos livros. Ela levantou-se e notou que Kishan estava deitado de costas, com as pernas levantadas para o ar, batendo uma na outra para fazer um som semelhante a uma palma. Ela aproximou-se, incomodada com o fato de que ele não estava envolvido na tarefa que ela tinha lhe dado, mas parou para observar melhor. Kishan estava abaixando as pernas, uma de cada vez, antes de juntá-las. Ela notou que ele também estava murmurando uma das canções que ouviu a banda irlandesa tocar. Mesmo assim, à primeira vista – e ouvida – parecia que Kishan não estava fazendo nada além de rolar e fazer barulho.

Talvez o cérebro dele estivesse trabalhando no dobro da velocidade para atribuir sentido à experiência musical que ele teve naquela manhã. Talvez suas pernas estivessem mexendo-se enquanto ele tentava descobrir como um joelho poderia subir enquanto o outro batesse no chão, como ele tentara (sem sucesso) fazer de manhã. Não podemos dizer o que estava se passando em sua mente, e talvez ele não estivesse "pensando" em nada. Talvez ele estivesse apenas relaxando da atividade, e gostando do barulho dos pés sem sequer se dar conta que estava murmurando a canção.

A professora sentiu-se tentada a entrar e começar uma conversa. É claro, ela teria feito isso usando todas as técnicas certas de questionamento. Afinal, ela é treinada para garantir que cada interação que tem com as crianças sob seus cuidados sejam significativas. Contudo, ela havia lido sobre a necessidade de equilíbrio entre diferentes tipos de pensamento, e recuou. Depois de mais cinco minutos, Kishan levantou e pegou um livro das prateleiras, que começou a ler.

Como a maioria das crianças, George consegue encontrar usos bastante incomuns para materiais cotidianos. Uma manhã, ele subiu em uma mesa onde uma atividade de arte acabava de ser concluída. Uma pilha de bandejas cobertas de tinta ainda estava sobre a mesa, juntamente com dois trens que outra criança havia deixado ali. George pegou os trens, um em cada mão, e começou a andar com eles sobre a mesa, batendo suavemente na pilha de bandejas. Então, ele começou a mexer nas bandejas, virando uma de cabeça para baixo para fazer uma ponte. A brincadeira continuou, e ele adicionou mais bandejas, até ter quatro enfileiradas, quando largou os trens e foi lavar as mãos para o almoço.

A monitora de George não interrompeu para perguntar o que ele estava fazendo. Talvez, alguns dias depois, George pegasse as bandejas e experimentasse fazer uma ponte mais comprida. Mas talvez ele nunca mais voltasse a explorar o conceito de trens e bandejas novamente. Talvez ele estivesse batendo os trens, mas pensando em algo completamente diferente. Se você pensa em fazer uma gangorra, precisa afastar-se e olhar as partes que possui. Talvez George estivesse apenas fazendo um intervalo mental de outra tarefa, que se tornou mais clara quando ele afastou-se, assim como, às vezes, a solução de um jogo de palavras cruzadas lhe ocorre quando você está fazendo o jantar ou cortando a grama.

Uma professora da creche de uma escola descreveu por que decidiu redesenhar seu pátio:

Sempre pensei que tinha sorte, pois a minha classe tinha uma grande área para brincar, com uma tonelada de equipamentos de pátio. Tínhamos uma caixa de areia grande, um grande trepa-trepa com colchonetes de segurança embaixo, uma área para brincar com água, espaço para bicicletas e caminhões e para as crianças correrem e brincarem. Então, um dia, fui visitar outra escola em uma área bastante diferente. O pátio não era, à primeira vista, tão bonito quanto o meu. Eles não tinham os materiais comprados e específicos que eu tinha. Para ser honesta, tudo parecia um pouco surrado.

Mas então, comecei a observar o que as crianças estavam fazendo. Um grupo tinha feito um acampamento no meio de uma área com arbustos, usando ramos para o telhado e palha para o piso. Outro grupo estava cavando na lama, enchendo baldes e tubos, adicionando água e usando grandes peneiras para vascular suas misturas. Outro estava ajudando uma mãe a limpar um ninho de galinha e procurar ovos. Duas crianças estavam sentadas em um galho de árvore, em uma área que chamavam de "a floresta". A professora parecia bastante tranquila, enquanto falava com eles embaixo da árvore. Aquilo era um grande contraste em relação ao meu pátio fabricado e decorado.

Compreendi que, embora as minhas crianças tivessem a sorte de ter um espaço maravilhoso para brincar e ótimos equipamentos, elas estavam perdendo a parte da experiência natural. Meu pátio não tinha nenhuma conexão com a natureza. Obviamente eu não poderia levar todo o nosso equipamento para fora – e nem queria fazer isso. Mesmo assim, começamos a criar algumas áreas naturais no pátio, com uma área para as crianças cavarem livremente, e permitimos que elas brincassem em alguns dos arbustos do jardim. Isso exigiu uma certa negociação com a administração, que ficou horrorizada com a ideia das crianças brincarem nos arbustos. Tive que explicar para os pais por que estava redesenhando a área. Porém, com o passar do tempo, chegamos a um bom equilíbrio, e hoje sinto que o nosso pátio verdadeiramente estimula uma conexão com a natureza.

A seguir, 12 maneiras de colocar as crianças em contato com a natureza:

1. Criar uma área natural no jardim. Se você não tem uma grande área de terra, use potes e floreiras de formas e tamanhos variados e cultive plantas que atraiam insetos para as crianças observarem.

2. Criar insetos na sala de aula e observar seu ciclo de vida antes de soltá-los. Não é necessário caçá-los – existem lojas que vendem *kits* completos de bichos para essa finalidade, como minhocas, joaninhas ou borboletas.[51]

3. Fazer caminhadas pela natureza regularmente no ambiente local. Levar potes para coletar espécimes interessantes e usar uma lente de aumento para observá-los. Certificar-se de sempre devolver tudo ao seu habitat original e enfatizar a importância da conservação para as crianças.

4. Criar uma área onde as crianças fiquem livres para pegar uma pá e cavar. Disponibilizar baldes para elas encherem com lama, gravetos ou pedras. Supervisionar e demonstrar o respeito por todas as criaturas vivas que possam encontrar.

5. Experimentar uma caminhada em um campo ou bosque, em vez de museu, fazenda ou zoológico.

6. Substituir materiais fabricados do pátio por materiais naturais, por exemplo, criando "caminhos de pedras" com pedaços de uma árvore cortada.

7. Pedir para os jardineiros deixarem uma pilha de folhas para as crianças brincarem, depois ajudá-las a limpar.

8. Fazer caminhadas espontâneas pelo bairro para olhar as árvores, flores, insetos ou pássaros. Fazer isso mesmo com mau tempo – usar roupas adequadas, mas preparar-se para se molhar e sujar como parte da experiência.

9. Manter botas de borracha e capas de chuva na escola, com a expectativa de sair, independente do clima.

10. Trazer materiais naturais para a sala de aula para as crianças verem, por exemplo, galhos com musgo ou gravetos com novos brotos. Deixar as crianças manusearem os materiais e estimulá-las a olhar com cuidado. Não se deve pedir sempre para elas desenharem ou escreverem a respeito – isso transforma a experiência em "trabalho" e pode desviar da experiência em si.

11. Deixar um galho, um pedaço de calha ou uma tábua em um canto do jardim ou do pátio, para levantar periodicamente para as crianças verem o que podem encontrar. Ajudá-las a coletar os bichos com cuidado em potes, para que possam ser analisadas.

12. Colocar uma pia velha ou bacia de plástico sobre tijolos em um espaço aberto. Deixar encher de água da chuva e ver o que coloniza seu lago natural.

Atividades sujas que toda criança deveria experimentar:

- Brincar com espuma de barbear. Isso propicia muitas oportunidades para brincadeiras livres e exploração. Usar espuma em tigelas de água, com balões, borrifar em bandejas e adicionar tinta diluída ou corantes alimentares. Misturá-la com corantes alimentares e cola branca ou com tinta e areia para criar um material diferente para pintura.

- Fazer sujeira com goma. Misture duas partes de cola branca a uma parte de amido líquido em uma tigela. Quando estiver espesso demais para usar uma colher, continue misturando com as mãos. Isso funciona melhor se suas mãos estiverem quentes.

A espuma de barbear propicia oportunidades intermináveis para brincadeiras em que possam sujar as mãos!

- Experiências com cola de farinha. Adicione água gradualmente a uma tigela com farinha, até transformar-se em uma estranha textura líquida-sólida. As crianças pegam punhados e deixam escorrer por entre os dedos. Adicionar corantes alimentares e observar enquanto se dispersam. Criar um grande "pântano" em uma caixa e acrescentar dinossauros e outros animais de brinquedo para brincadeiras livres.

- Pintura com o dedo com pudim ou musse de chocolate. Adicionar areia e tinta para criar diferentes cores e texturas.

- Pintura com o dedo – dos pés! Colocar papel no chão e deixar as crianças caminharem sobre tinta e fazerem pegadas. (Ter bastante cuidado, pois fica escorregadio.) Brincar com carrinhos na tinta para deixar marcas de rodas ou andar de bicicleta sobre o papel. Depois, divertir-se com um lava-jato com baldes de água morna com sabão.

- Brincar com gelo. Fazer cubos de gelo em potes de formas diferentes. Colocar uma bijuteria ou um animal de brinquedo no meio do gelo antes de congelar. Dispor os pedaços de gelo em bandejas para as crianças pingarem corantes alimentares ou tinta sobre eles.

- Sujando-se com lama. Misturar ½ xícara de água, 2 xícaras de cola branca e tinta colorida. Em outra tigela, misturar 1 xícara de água e 5 colheres de sopa de bórax. Juntar a mistura de bórax lentamente à mistura de cola e água. Misturar até tornar-se uma grande bola de lama. Soprar bolhas na lama com canudos, ou pendurar cestas de plástico, encher com a lama e observar o que acontece.

- Explorar alimentos e texturas diferentes, como purê de batatas, macarrão cozido (adicionar um pouco de óleo) ou geleia. Colocar em uma bandeja ou tigela e estimular as crianças a manusear livremente.

- Experiências com terra ou composto orgânico. Comprar sacos de composto orgânico esterilizado e colocar em bandejas ou sobre lona para uma brincadeira livre com mãos, dedos e pés.

- Fazer a própria massa de texturas e tipos variados. Existem centenas de receitas na internet ou em livros.

- Brincadeiras molhadas com água com sabão e esponjas, com baldes e outros potes e com círculos de giz nas paredes e no pátio para acertar com esponjas.

Verifique os ingredientes ao usar materiais alimentares antes de permitir que crianças com alergia os manuseiem. Algumas dessas atividades usam materiais que podem ser tóxicos, se consumidos em grande quantidade e, portanto, não são adequados para bebês e crianças pequenas demais. Leia os rótulos cuidadosamente e sempre supervisione as crianças para garantir que não coloquem sabão e outros ingredientes na boca.

Notas

1. Christchurch Health and Development Study, Christhchurch School of Medicine, Noew Zealand, "Pediatrics", vol. 101, Janeiro 1998
2. Pollitt, E, (1993) "Iron deficiency and cognitive function", in *Annual Review of Nutrition*, vol 13, pp. 521-537
3. Estudo de Harlene Havoc et al, University of Otago, Nova Zelândia, publicado em *Psychological Science*, Maio 2002
4. Gardner, Howard, *Frames of Mind – The Theory of Multiple Intelligences*, Basic Books, New York, 1993
5. Maslow, Abraham, *Towards a Psychology of Being*, John Wiley & Sons, New Jersey, 1998
6. Statutory Framework for the Early Years Foundation Stage, Welfare Requirements, DCSF, Maio 2008
7. The Further Evaluation of The School Fruit and Vegetable Scheme, NEER, Setembro 2007
8. Letters and Sounds, Primary National Strategy, WES, 2007
9. Jolly Learning, no endereço www.jiollylearning.co.uk
10. Publicado por Datamonitor, Dezembro 2007, citado no endereço www.foodsciencecentral.com
11. Statutory Framework for the Early Years Foundation Stage, DCSF, Maio 2008
12. The Further Evaluation of The School Fruit and Vegetable Scheme, NFER, Setembro 2007
13. Statutory Framework for the Early Years Foundation Stage, DCSF, Maio 2008
14. "Lamb Enquiry – Special Educational Needs", DCSF 2009
15. The Foundation Stage Forum, no endereço www.foundation-stage.info
16. Dr. Stanley Greenspan, pesquisador em desenvolvimento infantil, faculdade de medicina da George Washington University, citado em 14 de novembro de 2002, em matéria "How to boost babies' brainpower", www.cnn.com
17. Excellence and Enjoyment: social and emotional aspects of learning, DfES, 2005
18. Goleman, Daniel, *Emotional Intelligence: Why It Can Matter More Than IQ*, Bloomsbury, 1995
19. Carol S. Dweck, Ph.D., *Mindset – The New Psychology of Success*, Random House, 2006
20. Canção usada com a generosa permissão de Mindy Dirks of BACAP Pre-school Groups, Los Gatos, Califórnia
21. The Children's Plan – Building brighter futures, DCSF, 2007
22. Tim Gill, *No Fear – Growing up in a risk averse society*, Calouste Gulbenkien Foundation, 2007
23. "*Keep it Friendly, Keep it Safe*" são filosofias básicas da Parents Nursery School em Palo Alto, Califórnia
24. Informações sobre Social Stories™ podem ser encontradas na página da internet do The Gray Center, no endereço www.thegraycenter.org
25. Lepper, M. R, e Hodell, M "Intrinsic motivation in the Classroom". In R. Ames e C. Ames (Orgs.), *Research on motivation in education (Vol. 3): Goals and cognition*, Academic Press, 1989
26. The Early Years Foundation Stage, Effective Practice: Parents as Partners, DCSF 2007
27. The Children's Plan, One Year On, DCSF, 2008

28. Implementing an Early Years Single Funding Formula: Practice Guidance, DCSF, Julho 2009
29. Statutory Framework for the Early Years Foundation Stage, DCSF, Maio 2008
30. Jim Greenman, *Caring Spaces, Learning Places: Children's Environments That Work*, Exchange Press, Redmond, Washington, 1988
31. Mais ideias podem ser encontradas na página da internet da National Deaf Children's Society, no endereço www.ndcs.org.uk
32. Ronald Kotulak, *Inside the Brain. Revolutionary discoveries of how the mind works*, Andrews McMeel Publishing, Kansas City, 1997
33. Tina Bruce, *Learning through Play, Babies, Toddlers and the Foundation Years*, Hodder and Stoughton, Londres, 2001
34. *The Myths and Promises of the Learning Brain*, Harvard Graduate School of Education News, 1º Dezembro 2004
35. (1) "No Einstein in your Crib? Get a Refund", The New York Times, 23 outubro 2009

    (2) Antes de oferecer o reembolso, em 2007, a Federal Trade Commission investigou a questão, mas decidiu não proceder
36. Susan Young e Joanne Glover, *Music is the Early Years*, Falmer Press, Londres, 1998
37. Sue Palmer, *Toxic Childhood – How the Modern World as Damaging our Children and It We Can Do About It* Orion Books Ltd, 2007
38. Wright, J.C. et al, "*Young children's perceptions of television reality*", citado em *Failure to Connect – How Computers Affect Our Children's Minds – for Better and Worse*, Jane M. Healy, Ph.D., Simon and Schuster, New York, 1998
39. "*Youngsters Unaware TV Ads are Sales Pitch*", Reuters Health, 16 Abril 2002, (artigo no endereço www.story.news.yahoo.com)
40. "Talking Tins" podem ser encontradas no endereço http://www.talkingproducts.co.uk
41. De "Guidelines for Young Children Using Computers". Reimpresso sob permissão de Simon and Schuster, de *Failure to Connect: How Computers Affect Our Children's Minds – for Better and Worse* de Jane M. Healy, PhD Copyright © 1998 Jane M. Healy.
42. The High/Scope Educational Research Foundation, no endereço www.highscope.org
43. Howard Gardner, *Frames of Mind – The Theory of Multiple Intelligences*, Basic Books, New York, 1993
44. Guy Claxton, *Hare Brain, Tortoise Mind, How intelligence increases when you think less*, HarperPerennial, 2000
45. Robert Frost, 1874-1963, "Birches"
46. Manifesto Learning Outside the Classroom, DfES, 2001
47. Statutory Framework for the Early Years Foundation Stage, DCFS, Maio 2008
48. Childwise Monitor Survey, 2008/2009, www.childwise.co.uk
49. "Wearing Goggles when Using Blu-tac – Health and Safety Playing it too safe?" Teachers' TV, 19 Junho 2009, www.teachers.tv/
50. Chigago Wilderness Alliance, at http://kidsoutside.info
51. Experimente páginas como www.insectlore.co.uk para comprar *kits* naturais

Apêndices

Alguns princípios do planejamento

- O planejamento deve ser um exercício de equipe e envolver todos os indivíduos que trabalham na escola.
- Os planos devem ser compartilhados com os pais e cuidadores.
- Planos detalhados para o dia devem ser compartilhados com todos os adultos que trabalham na escola.
- As crianças devem ter a oportunidade de contribuir para os planos, ajudando a escrever a lista de afazeres.
- O que for planejado deve estar conectado com o que ocorreu antes.
- O que for planejado deve estar conectado com o que pode ocorrer depois.
- Os planos devem estar ligados a metas grupais e individuais.
- Os planos devem ser suficientemente claros para que alguém de fora, como um professor especializado, possa seguir.
- O planejamento deve estar relacionado claramente com a avaliação de registros e deve identificar oportunidades para observação e avaliação.
- Deve-se considerar a satisfação de necessidades fisiológicas ao planejar.
- Os planos devem envolver as crianças em rotinas cotidianas, além de atividades planejadas por adultos e por iniciativa das crianças.
- Devem-se considerar maneiras de abordar as necessidades de uma ampla variedade de grupos e garantir igual acesso e oportunidade a todos.
- Os planos para áreas internas e externas devem estar relacionados para que o ambiente externo torne-se uma extensão do interno.
- Deve-se considerar a criação de um equilíbrio saudável entre brincadeiras iniciadas por crianças e dirigidas por adultos.
- As crianças devem ser informadas dos planos para o dia ou para a aula.
- Devem-se considerar os aspectos da aprendizagem baseada no cérebro, como VAC, as inteligências múltiplas, o uso de música, intervalos para o cérebro e mapas mentais.
- Os planos devem abranger as necessidades emocionais e sociais das crianças, juntamente com as cognitivas, como, por exemplo, a promoção da autoestima e a inteligência emocional.

Vocabulário básico

Aprendizagem baseada no cérebro: um termo usado para descrever como aplicar teorias sobre o cérebro para ajudar as crianças a aprenderem de forma mais efetiva

Boas estratégias de questionamento:
Observar com cuidado
Inserir pistas para o processamento
Fazer perguntas abertas
Permitir um tempo para processar
Escutar com atenção
Refletir
Sintetizar

Brain Gym®: uma atividade de intervalo para o cérebro que envolve movimentos laterais controlados para conectar os hemisférios direito e esquerdo

Ciclo de aprendizagem baseada no cérebro: estrutura para usar em aulas com aprendizagem mais formal
Apresentar o Contexto Geral
Avaliar o ponto de partida
Apresentar a aula em partes, por meio de VAC (meios visuais, auditivos, cinestésicos)
Incluir intervalos para o cérebro
Verificar a compreensão e aquisição de conhecimento
Revisar a aula

Contexto Geral: uma visão geral do conteúdo da aula

Córtex cerebral: a maior parte do cérebro, onde ocorrem os processos superiores do pensamento

Decibelímetro: um tipo de relógio que indica níveis de ruído. A professora coloca o ponteiro no nível de ruído esperado para a aula

Feedback **POSITIVO é:**
P essoal
O bjetivo
e **S** pecífico
I nformativo
opor**T** uno
I nspirador
V ariado
entusiástic **O**

Hierarquia de necessidades de Maslow: as necessidades físicas básicas que devem ser satisfeitas para que haja aprendizagem:

Inteligência emocional: os cinco aspectos da inteligência emocional de Daniel Goleman são
Hidratação
Nutrição
Sono
Movimento
Sistemas de atenção
Autoconsciência
Controle das emoções

Automotivação
Lidar com relacionamentos
Empatia

Inteligências múltiplas:
Linguística
Lógico-matemática
Musical
Corporal-cinestésica
Espacial
Interpessoal
Intrapessoal
Naturalista

Intervalo para o cérebro: uma atividade física rápida para interromper a aula, retomar o foco e animar as crianças

Lista de afazeres: lista desenvolvida pelas crianças com um adulto ao final de uma aula, um dia ou uma semana, descrevendo as atividades e aprendizagem que querem fazer

Mapas mentais: método de criar um diagrama, ao invés de fluxograma, que permite que o cérebro atue de forma livre e criativa enquanto faz conexões entre conceitos

Metacognição: ter compreensão da maneira como você aprende

Metas SMART são:
e **S** pecíficas
M ensuráveis
A lcançáveis
R ealistas
ligadas ao **T** empo

Modelos mentais: definições de Carol Dweck do modelo mental de crescimento e do modelo mental fixo, que influenciam na abordagem do indivíduo a desafios e definem seu nível de sucesso

Murmurar os pensamentos: falar em voz alta enquanto trabalha, descrevendo o que está fazendo enquanto faz

Neurônio: uma célula cerebral

Ouvir bem e sentar bem: um sistema para ajudar as crianças a desenvolverem boas habilidades de atenção

Pensamento compartilhado sustentado: quando um adulto trabalha com uma criança para pensar sobre um conceito, problema ou atividade, compartilhando suas ideias e desenvolvendo e ampliando o seu raciocínio

Semáforo: sistema para verificar a compreensão – vermelho para "ainda não compreendo", amarelo para "não tenho certeza" e verde para "compreendi". Semáforo, pôsteres para escuta e outros materiais para aprendizagem baseada no cérebro podem ser encontradas no endereço www.alite.co.uk

Sinapse: a conexão entre o axônio de um neurônio e o dendrito de outro

Sistema límbico: o "mesencéfalo" é responsável por algumas funções básicas, como controlar nossas emoções e alguns aspectos da memória

Três As: sistema motivacional que usa Agradecimento, Aprovação e Afirmação

Tronco encefálico: o "cérebro primitivo", responsável principalmente pelos sistemas de sobrevivência

VAC: Aprendizagem visual, auditiva e cinestésica, ou "ver, ouvir e fazer"

Páginas úteis na internet

www.acceleratedlearning.co.uk
Página de Nicola Call. Traz mais informações sobre a aprendizagem baseada no cérebro e informações atualizadas sobre livros e recursos. Também traz um *link* para fazer contato direto com Nicola.

www.opitus.uk.com
Página de Sally Featherstone, onde você pode encontrar informações sobre seus textos, cursos e treinamento. Também é possível contatá-la diretamente por sally@opitus.uk.com.

www.dcsf.gov.uk
Para iniciativas governamentais atuais em educação.

www.publications.dcsf.gov.uk
Para todas as publicações governamentais.

www.qcda.gov.uk
Para informações sobre currículo e avaliação na Inglaterra.

www.standards.dfes.gov.uk/thinkingskills
Página do DCSF sobre pensamento em salas de aula primárias.

www.teachers.tv
Para TV, vídeo e informações sobre ensino para todas as idades e estágios.

www.early-education.org.uk
Página da British Association for Early Childhood Education, uma organização voluntária.

www.inclusion.org.uk
Página da Inclusion UK – um consórcio de quatro organizações que apóiam a inclusão em educação.

www.thegraycenter.org
Página do The Gray Center, uma organização sem fins lucrativos dedicada a indivíduos com transtornos do espectro do autismo, particularmente o desenvolvimento de Social Stories™.

www.alite.co.uk
Página de Alistair Smith. Página para encontrar artigos e publicações baseadas no cérebro, pesquisar opções de treinamento e comprar recursos. Alistair é um dos principais capacitadores em aprendizagem baseada no cérebro do Reino Unido.

www.braingym.com
página oficial do Brain Gym®.

www.brainresearch.com
Página abrangente para pesquisas sobre o cérebro, com centenas de *links* para páginas e artigos afins.

www.creative-partnerships.com
A Creative Partnerships promove parcerias inovadoras e de longo prazo ente escolas e profissionais criativos, incluindo artistas, atores, músicos, arquitetos, desenvolvedores de multimídia e cientistas.

www.foundation-stage.info
Página com artigos, *links* e um fórum de discussão sobre educação infantil.

www.richardlouv.com
Página de Richard Louv, autor de *Last Child in the Woods*, com uma rica variedade de informações sobre maneiras de proteger as crianças.

www.suepalmer.co.uk
Página de Sue Palmer, com informações sobre publicações e *links* para artigos em diversas publicações.

www.naturalchild.org
Página do The Natural Child Project, cujo slogan é "Todas as crianças agem da forma como são tratadas". Artigos interessantes sobre desenvolvimento infantil e respeito no cuidado de crianças pequenas.

www.dana.org
Página da Dana Foundation e Dana Alliance, uma organização de cientistas dedicados a promover formação em pesquisa sobre o cérebro.

www.jlcbrain.com
Página de Eric Jensen, contendo informações sobre capacitação, publicações e subscrição a um boletim mensal.

www.circle-time.co.uk
Página da "Quality Circle Time" de Jenny Mosley, que contém respostas para perguntas frequentes sobre a hora da roda, alguns recursos gratuitos e uma livraria virtual.

www.tactyc.org.uk
Training, Advancement and Co-operation in Teaching Young Children.

Material disponível no *site*

As páginas a seguir contêm modelos das tabelas e ilustrações mostradas no livro, que serão úteis em sua escola de educação infantil. Esse material também está disponível em www.grupoa.com.br.

Os cinco aspectos da alfabetização emocional

Autoconsciência

Controle das emoções

Automotivação

Lidar com relacionamentos

Empatia

O conteúdo desta página é propriedade intelectual das autoras Nicola Call e Sally Featherstone e parte integrante do livro *Cérebro e educação infantil: como aplicar os conhecimentos da ciência cognitiva no ensino de crianças de até 5 anos*.

Apêndices **175**

176 Apêndices

O conteúdo desta página é propriedade intelectual das autoras Nicola Call e Sally Featherstone e parte integrante do livro Cérebro e educação infantil: como aplicar os conhecimentos da ciência cognitiva no ensino de crianças de até 5 anos.

Perguntas para seu visitante voluntário

Sua primeira ligação telefônica foi atendida de maneira eficiente e simpática?	
Foi fácil encontrar o local?	
Como seria o acesso para alguém com deficiência?	
As instruções existentes para encontrar o endereço estavam corretas e foram fáceis de seguir?	
A entrada foi acolhedora?	
Quanto tempo levou para um adulto falar com você?	
A primeira interação com nossa equipe foi receptiva?	
Você usou um crachá ou outra forma de identificação?	
Você assinou o livro de visitantes?	
Havia um local confortável para esperar?	
Havia documentação disponível nas diversas línguas faladas na comunidade?	
As instruções e avisos estavam escritas de forma clara e em uma linguagem positiva?	
Havia instruções e avisos escritos em línguas faladas na comunidade além do português?	
Você encontrou alguma documentação ou bibliografia sobre a escola?	
Pareceu condizente com a impressão da visita?	
Você recebeu informações adequadas sobre atividades ou currículo das crianças?	
O ambiente estava limpo e organizado?	
As crianças pareciam confiantes e tranquilas ao receber você?	
Ficou claro que o ambiente incentivava o envolvimento dos pais?	
A equipe da escola parecia confiante e tranquila quanto à visita?	
As pessoas sorriam?	
Havia um quadro de avisos para os pais?	
As informações do quadro de avisos estavam atualizadas?	
O ambiente era receptivo para adultos e crianças?	
Você foi bem recebido e incluído nas atividades?	

O círculo de aprendizagem baseada no cérebro

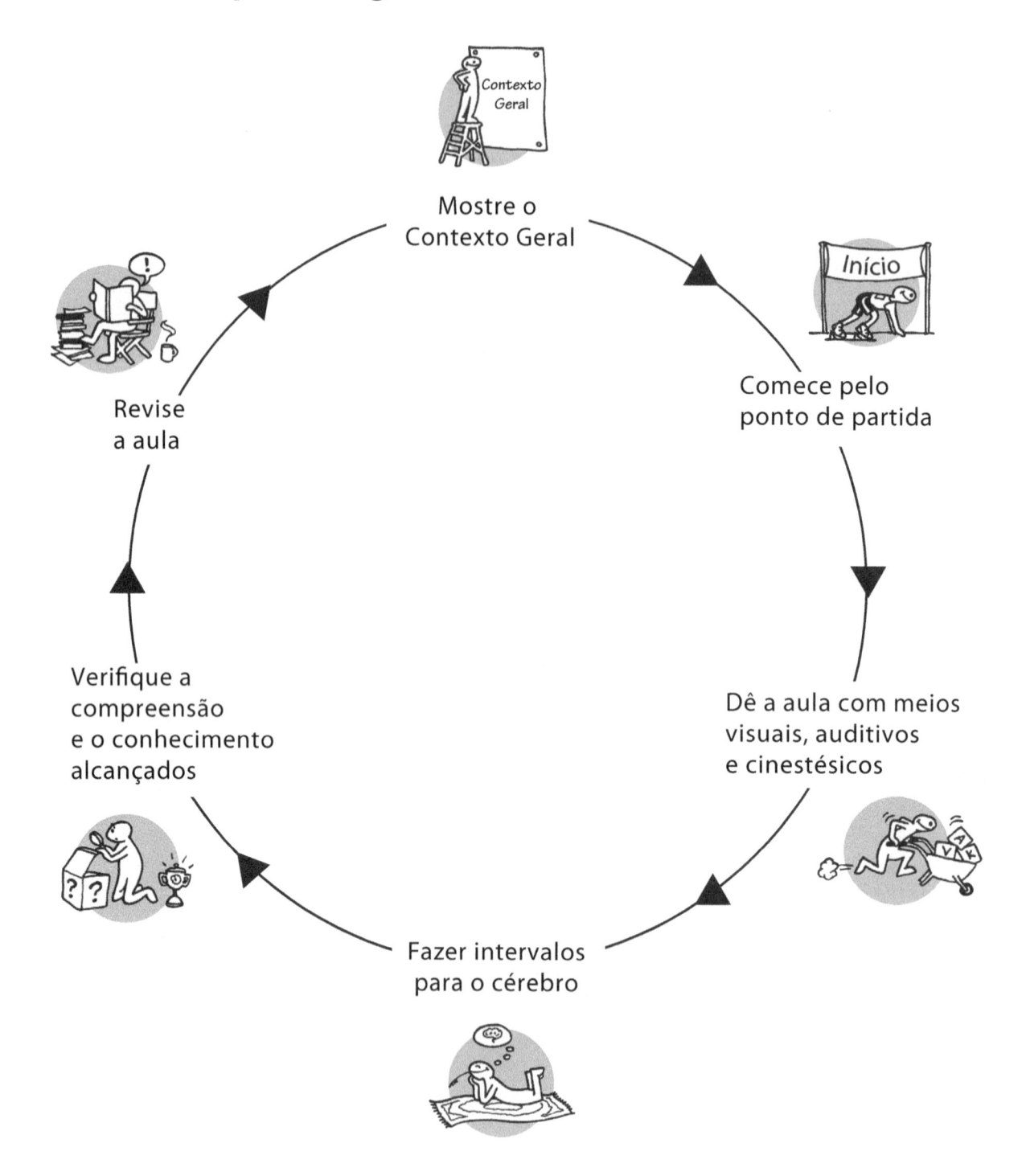

- Mostre o Contexto Geral
- Comece pelo ponto de partida
- Dê a aula com meios visuais, auditivos e cinestésicos
- Fazer intervalos para o cérebro
- Verifique a compreensão e o conhecimento alcançados
- Revise a aula

O conteúdo desta página é propriedade intelectual das autoras Nicola Call e Sally Featherstone e parte integrante do livro *Cérebro e educação infantil: como aplicar os conhecimentos da ciência cognitiva no ensino de crianças de até 5 anos.*

Ficha de observação: a regra dos quatro por um

Nome da criança	Positivo	Negativo	Neutro	Observações

O conteúdo desta página é propriedade intelectual das autoras Nicola Call e Sally Featherstone e parte integrante do livro Cérebro e educação infantil: como aplicar os conhecimentos da ciência cognitiva no ensino de crianças de até 5 anos.

Quarenta adjetivos positivos para usar com crianças

Ativo	Gentil
Afetuoso	Gracioso
Artístico	Saudável
Assertivo	Útil
Calmo	Imaginativo
Cuidadoso	Inteligente
Carinhoso	Bondoso
Esperto	Vivaz
Confiante	Amoroso
Atencioso	Matemático
Criativo	Musical
Curioso	Extrovertido
Determinado	Pacífico
Enérgico	Persuasivo
Divertido	Educado
Entusiástico	Rápido
Expressivo	Científico
Simpático	Forte
Engraçado	Reflexivo
Generoso	Terno

O conteúdo desta página é propriedade intelectual das autoras Nicola Call e Sally Featherstone e parte integrante do livro Cérebro e educação infantil: como aplicar os conhecimentos da ciência cognitiva no ensino de crianças de até 5 anos.

Pensamento positivo

Nome da criança	Adjetivo positivo 1	Adjetivo positivo 2	Adjetivo positivo 3
1			
2			
3			
4			
5			
6			
7			
8			
9			
10			

O conteúdo desta página é propriedade intelectual das autoras Nicola Call e Sally Featherstone e parte integrante do livro Cérebro e educação infantil: como aplicar os conhecimentos da ciência cognitiva no ensino de crianças de até 5 anos.

Ficha de observação: monitorando o trabalho em grupo

Duplas do mesmo sexo										
Duplas mistas										
Duplas de amigos										
Grupos do mesmo sexo										
Grupos mistos										
Criança maior com criança menor										
Grupos de mesma idade										
Grupos etários mistos										
Grupos escolhidos pela professora										
Grupos escolhidos pelos alunos										
Outro										

O conteúdo desta página é propriedade intelectual das autoras Nicola Call e Sally Featherstone e parte integrante do livro Cérebro e educação infantil: como aplicar os conhecimentos da ciência cognitiva no ensino de crianças de até 5 anos.

Referências

Abbott, Lesley e Nutbrown, Cathy (Ed), *Experiencing Reggio Emilia*, Open University Press, 2001

Ballinger, Erich, *The Learning Gym*, Edu-Kinesthetics, 1996

Basic Skills Agency, *Securing Boys' Literacy*, Basic Skills Agency, Tel 0870 600 2400

Biddulph, Steve, *Raising Babies – Why Your Love is Best*, HarperThorsons, 2006

Biddulph, Steve, *Raising Boys*, Thorsons, 2003

Biddulph, Steve, The Secret of Happy Children, Thorsons; Harper Collins Publishers, 1998

Bilton, Helen, *Outdoor Play in the Early Years*, David Fulton, 1998

Boyd Cadwell, Louise, *Bringing Reggio Emilia Home*, Teachers College Press, 1997

Brewer, Chris e Campbell, Don, *Rhythms of learning*, Zephyr, 1991

Bruce, Tina, *Learning through Play, Babies, Toddlers and the Foundation Years*, Hodder and Stoughton, 2001

Bunting, Madeline, *Willing Slaves – How The Overwork Culture Is Ruling Our Lives*, Harper Perennial, 2005

Buzan, Tony com Buzan, Barry, *The Mind Map Book – How to Use Radiant Thinking to Maximise Your Brain's Untapped Potential*, Penguin Books, 1993

Campbell, Don, *The Mozart Effect, tapping the power of music to heal the body, strengthen the mind, and unlock the creative spirit*, HarperCollins Publishers Inc, 1997

Campbell, Don, *The Mozart Effect for Children – Awakening Your Child's Mind, Health, and Creativity with Music*, HarperCollins Publishers, Inc, 2000

Ceppi e Zini, *Children, spaces, relationships – metaproject for an environment for young children*, Reggio Children, 1999

Chxton, Guy, *Hare Bran, Tortoise Mind – How intelligence increases when you think less*, HarperPerennial, 2000

Cousins, Jacqui, *Listening to Four Year Olds*, National Early Years Network, 1999

De Becker, Gavin, *Protecting the Gift – Keeping Children and Teenagers Safe (and Parents Sane)*, Dell Publishing, 1999

Dennison Paul E. e Gail E., *Brain Gym*, Edu-Kinesthetics, 1989

Donaldson, Margaret, *Children's Minds*, Penguin

Dweek, Carol S., Ph.D., *Mindset – The New Psychology of Success*, Random House, 2006

Eliot, Lise, Ph.D., *What's going on in there? How the brain and mind develop in the first five years of life*, Bantam Books, 2000

Elkind, David, Ph.D., *The Hurried Child – Growing Up Too Fast Too Soon*, Perseus Publsing, 2001

Gardner, Howard, *Frames of Mind – The Theory of Multiple Intelligences*, Basic Books, 1993

Gardner, Howard, *Intelligence Reframed – Multiple Intelligences for the 21st Century*, Basic Books, 1999

Goes Henri, *The Thinking Woman's Guide to a Better Birth*, The Berkley Publishing Group, 1999

Goldschmeid, Elinor, Eller, Peter, e Sellers, Dorothy, *Key Persons in the Nursery: Building Relationships for Quality Provision*, David Fulton Publishers, 2003

Goleman, Daniel, *Emotional Intelligence, why it can matter more than IQ*, Bloomsbury Publishing Plc, 1995

Gopnik, Alison, Meltzoff, Andrew, e Patricia Kuhl, *How Babies Think*, The Orion Publishing Group Ltd., 1999

Gopnik, Alison, *The Philosophical Baby – What Children's Minds Tell us About Truth, Love and the Meaning of Life*, Bodley Head, 2009

Gottman, John, *The Heart of Parenting*, Bloomsbury, 1997

Greenman, Jim, *Caring Spaces, Learning Places: Children's Environments That Work*, Exchange Press, 1988

Greenspan, Stanley M.D., *Building Healthy Minds – The Six Experiences that Create Intelligence and Emotional Growth in Babies and Young Children*, Perseus Publishing, 1999

Gurian, Michael, *Boys and Girls Learn Differently!*, Jossey Bass, 2002

Hannaford Carla, Ph. D., *Smart Moves – Why Learning is not all in your Head*, Great Ocean Publishers, 1995

Hart, Betty e RisleyTodd, *Meaningful Differences in the Everyday Experience of Young American Children*, Paul H Brookes Pub Co, 1995

Harter, Susan, *Teacher and classmate influences on scholastic motivation, self-esteem, and of voice in adolescents*, in J. Juvonen e K. R. Wentzel (eds), *Social Motivation, Understanding Children's School Adjustment*, Cambridge University Press, 1996

Healy, Jane M., Ph.D., *Endangered Minds – Why Children Don't Think – and What We Can Do About It*, Touchstone Books, Simon e Schuster, 1990

Healy, Jane, Ph.D, *Failure to Connect – How Computers affect our Children's Minds – for Better and Worse*, Simon & Schuster, 1998

Hendrick, Joanne, *The Whole Child*, Prentice-Hall Inc, 1996

Howe, Christine, *Gender and Classroom Interaction – a research review*, The Scottish Council for Research in Education, 1997

Jensen, Eric, *Teaching with the Brain in Mind*, ASDC (USA), 1998

Kohn, Alfie, *Punished by Rewards – the trouble with gold stars, incentive plans, As, praise and other bribes*, Houghton Mifflin Company, New York, 1993

Kohn, Alfie, *Unconditional Parenting – Moving from Rewards and Punishments to Love and Reason*, Atria Books, 2005

Kotulak, Ronald, *Inside the Brain. Revolutionary discoveries of how the mind works*, Andrews McMeel Publishing, 1997

Lindstrom, Martin, *Brand child – Remarkable insights into the minds of today's global kids and their relationships with brands*, Kogan Page Limited, 2003

Louv, Richard, *Last Child in the Woods – Saving Our Children from Nature-Deficit Disorder*, Algonquin Books of Chapel Hill, 2006

Miles, Elizabeth, *Tune your brain – using music to manage your mind, body and mood*, Berkley Publishing Group, 1997

Miller, Judy, *Never too young – How young children can take responsibility and make decisions*, National Early Years Network, 1996

Mosley, Jenny, *Quality Circle Time in the Primary Classroom*, LDA, 1999

Nutbrown, Cathy, *Threads of Thinking*, Paul Chapman, 1999

Ouvry, Marjorie, *Exercising Muscles and Minds*, National Early Years Network, 2000

Palmer, Sue, *Toxic Childhood – How the Modern World is Damaging our Children and What We Can Do About It*, Orion Books Ltd., 2007

Pantley Elizabeth, *Hidden Messages – what our words and actions are really telling our children*, Contemporary Books, 2001

Pascal Chris e Bertram Tony, *Effective Early Learning* (Case Studies in Improvement), Hodder & Stoughton, 1997

Paul, Pamela, *Parenting Inc. – How We Are Sold on $800 Strollers, Fetal Education, Baby Sign Language, Sleeping Coaches, Toddler Couture, and Diaper Wipe Warmers – and What it Mean for Our Children*, Times Books, 2008

Pinker, Steven, *How the Mind Works*, Penguin, 1998

Reggio Children, *The Hundred Languages of Children*, Reggio Children, 1996

Richardson, Gail Ryder, *Creating a Space to Grow – Developing your outdoor learning environment*, David Fulton Publishers Ltd., 2006

Roehlkepartain e Leffert, *What Children need to Succeed*, Free Spirit, EY Network, 1996

Schiller, Pam, *Start Smart! Building Brain Power in the Early Years*, Gryphon House, Inc, 1999

Sears, William, MD e Martha, RN, *The Baby Book*, Little, Brown and Company, 1993

Smith, Alistair, *The Brain's Behind It – New knowledge about the brain and learning*, Network Educational Press Ltd., 2002

The Jossey Bass Reader on the Brain and Learning, Jossey Bass, 2008

Tizard, Barbara e Hughes, Martin, *Young Children Learning*, Harvard University Press, 1984

Trythall, Andrew. *Managing ICT from Birth to 7*. Featherstone Education Ltd., 2006

Índice

Obs: números de páginas em negrito referem-se a material fotocopiável.

Abordagem da monitora 69
Adjetivos 101-102, **180**
Afirmação 57, 59-62, 172
Agradecimento 57, 59-61, 172
Agressividade 36
Água (hidratação) 18-19
Alergias 166
Alternando a vez 37, 85-86
Ambiente
    Ambiente compartilhado 81, 119
    Aprendizagem independente 73-74, 77-78
    Expositores 79-84
    Materiais baseados no cérebro 75-76
    Melhorando o ambiente 76-77
    Organização 71-74, 77-78
    Ver também Atividades ao ar livre
Aminas 24
Animais de estimação 53, 137, 147
Aprendizagem ativa 139
Aprendizagem auditiva 153-154
Aprendizagem baseada no cérebro 13, 170
    Ludicidade 114-121
    Mapas mentais 107-113, 127, 171
    Movimento 127-130
    Música 122-127
    Objetos úteis 75-76
    Tecnologia 131-138
Aprendizagem cinestésica 127, 155-156, 159
Aprendizagem independente
    Ambiente 73-74, 77-78
    Concentração 92-96
    Habilidades de atenção 84-93
    Linguagem 96-114
    Ludicidade 114-115
Aprovação 59, 61
Assertividade 36
Ataques de raiva 85-86, 93
Atividades ao ar livre 26, 29
    Conexão com a natureza 160-162, 164
    Equipamento 29-30, 54-55
    Locais fechados e abertos 120
    Para postura "positiva" 54-55
Atividades sujas 166
Aulas de alfabetização 94-95
Autoconfiança 52
Autoconsciência 35
Autocontrole 35, 37, 38, 40
Autoestima 44-47, 53, 97
Autofala 55-56
Automotivação 35, 39, 59
Axônios 13, 14

Babás 21, 45, 80, 137
Brain Gym® 127, 170

Canções
    Para a hora da roda 48, 50-52
    Para fazer fila 90-92
    Para intervalos para o cérebro 130
    Para obter a atenção 87-88
Caridade 137-138
Cérebro 13-14
Círculo da aprendizagem baseada no cérebro 93, 170, **178**
Classe de adaptação 15, 16
Compartilhar 116
Comportamento
    Agressivo 36
    Assertivo 36
    Ataques de raiva 85-86, 115
    Autocontrole 35, 37, 38, 40
    Comentários positivos para 57, 98-100, 102
    Comportamento impulsivo 35, 37, 40
    Consciência social 58
    Controlando 57-62
    Examinando suas interações 57-58, 99-100
    Motivação intrínseca 39, 59
    Passivo 35
    Praticando com brincadeiras 116
    Regras 57
Compostagem 137, 138
Computadores 132
    Avaliando o uso 136
    Diretrizes 135
    Sobrecarga de informações e emocional 136-137
Comunicação com os pais 31, 64-65, **175, 176**
Concentração 93-94
    Aulas de alfabetização e alfabetização numérica 94-95
    Aumentando o tempo na tarefa 96
    Círculo da aprendizagem baseada no cérebro 93, 170, **178**
    Crianças maiores 96-97
    Estratégias 96-97
    Intervenção 93
    Quanto tempo? 94-95
Conexões, fazendo 111
Confiança 44-55, 52, 74
Conflitos 38
Contexto Geral 170
Controle 59
Córtex cerebral 170
Culinária 20, 26, 27, 29, 77, 133
Culturas 19, 135
Curiosidade 59

Decibelímetro 89-90, 170
Declaração de Direitos da Criança ao Ar Livre 162
Deficiência auditiva 85
Dendritos 13
Desafio 59
Desenvolvimento cognitivo 13, 14
Desenvolvimento infantil 167

Empatia 35, 46, 161, 171
Fortalecimento 137-138
Ensino criativo 139
    Ideias 140-142
    Materiais 143

Perguntas 144
Envolvimento comunitário 138
Equipamento
    Atividades ao ar livre 29-30, 52-55
    Ensino criativo 143
    Expositores 81, 84
    Hora da roda 49-50
    Materiais baseados no cérebro 75-76
    Materiais da vida real 121
Espaços comuns 81, 119
Estados de espírito 42-44
Estratégias para fazer fila 89-92
Expositores
    Equipamento 81, 84
    Espaços comuns 81
    Finalidades 79
    Locais extras 84
    Mudando 79-80
    Participação das crianças 73, 74
    Política 79-81
    Temas 82-83

Fantasia 59
Fantoches 25, 38-41, 53, 66, 75, 151
Fato vs. ficção 132-133
Feedback 59, 96
    Positivo 170
    Frases úteis 104
    Regra dos quatro por um 57, 98, **179**
Fotografias de crianças 70

Gravações de crianças 70

Habilidades de atenção
    Dando instruções 86, 92
    Estratégias para fazer fila 89, 92
    Níveis de ruído 89
    Obtendo a atenção das crianças 87-88
    Ouvir bem 84, 170
    Reconhecendo as boas habilidades 88
    Sentar bem 84, 170
Habilidades de escuta 84
    Alternar a vez 85-86
    Atividades 153-154
    Deficiência auditiva 85
    Música 124
    Ouvir bem 84, 170
    Sentar bem 84, 170
    Ver também Aprendizagem auditiva
Habilidades de pensamento 170-171
    Lugares para pensar 36
    Pensamento compartilhado sustentado 170-171
Habilidades sociais 35, 38, 39, 58, 97, 116, 145
Hidratação 18-19
Hierarquia de necessidades 17, 170
Hora da roda
    Adereços e materiais 49-50
    Atividades 48-50
    Atividades de aquecimento 47-48
    Autoestima 47
    Concluindo atividades 50-52
    Regras básicas 47
    Usos 28, 47

Imitação 116, 121
Inclusão 30-32, 172 *Ver também* necessidades especiais

Instruções, dando 86, 92
Inteligência, ensino para
    Ensinando por meios visuais, auditivos e cinestésicos 149-156
    Ensino criativo 139-144
    Inteligência emocional 34-44
    Inteligências múltiplas 157-160, 171
    Sem pressa para aprender 161-167
    Trabalho em grupo 145-149
Inteligência e nutrição 14
Inteligência emocional 34-44, 170
    Autoconsciência 35
    Automotivação 35, 39, 59, 174
    Cinco aspectos 35, 174
    Controle das emoções 35, 37-40, 85-86, 115
    Empatia 35, 38, 158
    Estados de espírito 42-44
    Estratégias 35-39
    Promovendo a alfabetização emocional 41
    Relacionamentos 35, 37, 38, 39
Inteligências múltiplas 157-160, 171
    Avaliando perfis 159-160
    Corporal-cinestésica 157-159,171
    Equilíbrio no ensino 158
    Espacial 160, 171
    Interpessoal 158, 160-171
    Intrapessoal 160-171
    Linguística 159, 171
    Lógico-matemática 159, 171
    Musical 159, 171
    Naturalista 160-171
    Ver também Inteligência emocional; VAC
Intervalos para o cérebro 128-130

Jardinagem 54-55, 63, 72, 121, 150
Jogos/brincadeiras
    Atividades sujas 166
    Atribuindo sentido à experiência 114
    Características importantes 117
    Controle das emoções 115
    Em acomodações compartilhadas 119
    Equilíbrio 114, 120
    Finalidade 115-116
    Independência 114-115
    Intervenção de adultos 124-125, 127-128
    Locais fechados e abertos 120
    Materiais da vida real 121
    Planejamento 121
    Praticando comportamentos 116
    Praticando novas habilidades 116
    Ver também Atividades ao ar livre

Linguagem
    E caretas 97
    E memória 14
    Imitação 116, 121
    Importância 94
    Murmurando pensamentos 105, 171
    No lar 97
    Para estado de espírito de crescimento 43, 44
    Pensamento positivo 101, **181**
    Questionamento 43, 53, 112, 144
    Tempo de processamento 94
    Vocabulário positivo 99-102
Linguagem positiva 109-112
    Adjetivos 101, **180**

Autofala 55-56
Comentários 99, 103
Feedback 96, 170
Regra dos quatro por um 57, 98, **179**
Listas de afazeres 53, 75, 169

Mantendo-se na tarefa. *Ver* Concentração
Mapas mentais 107-109, 171
   Aplicações 109
   Avaliando o conhecimento e a compreensão 112
   Compartilhando ideias 110
   Desafiando e ampliando a aprendizagem 112
   Fazendo conexões 111
   Mapas mentais em 3D 127
   Razões para 113
   Revisitando aprendizagem prévia 111
   Trabalho em grupo 110
Material fotocopiável **174-182**
Maternal 16
Memória 14
Metacognição 171
Metas SMART 171
Mielinação 14
Motivação 35, 39, 59, 174
Movimento 22-24, 29
   Atividades para relaxar o cérebro 128-130, 171
   Necessidade fisiológica 127
Murmurando pensamentos 105, 171
Música
   Efeito "Mozart" 122
   Escolhendo 123-124
   Finalidade 122
   Habilidades de escuta 124
   Música clássica 123, 124, 127
   Música popular 125
   Outras culturas 125
   Preparação 123
   Recursos 122
   Trilhas sonoras de filmes 125
   Usando 58, 122, 124-126
   Variedade 122, 126
   Ver também Canções

Natureza 160-162
Necessidades, hierarquia de 17, 170
Necessidades especiais 30-31
   Comunicação 31
   Consciência social 58
   Escolhendo o ambiente 33-34
   Parcerias lar-escola 31-33
   Sistemas de apoio 34
Necessidades físicas 17
   Hidratação 18
   Movimento 22-33, 26, 29-30, 127-130, 166-167
   Nutrição 14, 19-20, 24-29
   Sistemas de atenção 23-25
   Sono 21-22
Neurônios 13, 171
Níveis de ruído 89
Nutrição 14, 19-20, 24-29

Os Três 57, 59-62, 172
   Afirmação 57, 59-62, 172
   Agradecimento 57, 59-61, 172
   Aprovação 59, 61

Pais e cuidadores
   Abordagem da monitora 69
   Comunicação 31, 64-65, **175**, **176**
   De crianças com necessidades especiais 31-33
   Envolvendo os pais 66-68
   Oficinas 66
   Parcerias lar-escola 31-33, 62-64, 69-70
   Provisão extendida 68-70
   Sistemas de boas-vindas 65, **177**
Palhaços 97
Parcerias lar-escola 31-33, 32-34, 69-70
Pensamento, positivo 101, **181**
Pensamento compartilhado sustentado 161, 171
Perguntas
   Abertas 43, 53
   Desafiando o pensamento 112
   Estratégias 170
   "O que aconteceria se?" 143-144
   Para postura positiva 52-53
Planejamento 121, 169
Planejar – Trabalhar – Recordar 149
Postura "positiva" 52-54, 78
   Atividades ao ar livre 53-55
   Autofala positiva 55-56
Pré-escola 15

Reciclagem 137, 138
Refeições 26-29
Regra dos quatro por um 57, 98, **179**
Regras 57
Relacionamentos 35, 37-39
Relaxamento 22
Rimas
   Para intervalos para o cérebro 130
   Para obter a atenção 87-89
Rimas e cantigas de ação 130

Saúde 24-30
Segurança 52-53, 70, 160
Sentar bem 84, 171
Sinapses 13, 171
Sistema do "semáforo" 171
Sistema límbico 172
Sistemas de atenção 24
Sobrecarga de informações e emocional 136-137
Sono 21-22

Tecnologia
   Computadores 132, 135-137
   Habilidades 131-134
   Sem computador 133-134
   Sobrecarga de informações e emocional 136-137
   Televisão 132, 133, 136-137
   Variedade 131-134
Televisão 132, 133, 136-137
Tempo na tarefa 94-96
Tempo para aprender 161
   Atividades sujas 166
   Conexão com a natureza 160-162, 171
   Habilidades de pensamento 170-171
Trabalho em duplas 53, 132, 146
Trabalho em grupo
   Habilidades sociais 39, 145
   Importância 145
   Mapas mentais 110
   Monitoramento 146, **182**

    Organizando grupos 148
    Planejar – Trabalhar – Recordar 149
    Trabalhos práticos para crianças 147
Trabalhos para crianças 147
Transtornos da integração sensorial 23
Tronco encefálico 172

VAC (aprendizagem visual, auditiva e cinestésica) 149-150, 172
    Aprendizagem auditiva 153-154
    Aprendizagem cinestésica 127, 155-156, 159
    Aprendizagem visual 151-152
    Equilíbrio no ensino 149
Vocabulário básico 170-172